走进大学
DISCOVER UNIVERSITY

什么是新闻传播学？

WHAT IS
JOURNALISM AND COMMUNICATION?

陈力丹　陈俊妮　著

大连理工大学出版社
Dalian University of Technology Press

图书在版编目(CIP)数据

什么是新闻传播学？/ 陈力丹，陈俊妮著. -- 大连：大连理工大学出版社，2024.1
 ISBN 978-7-5685-4650-8

Ⅰ．①什… Ⅱ．①陈… ②陈… Ⅲ．①新闻学－传播学－研究 Ⅳ．①G210

中国国家版本馆 CIP 数据核字(2023)第 198016 号

什么是新闻传播学？
SHENME SHI XINWEN CHUANBOXUE

策划编辑：苏克治
责任编辑：齐　欣
责任校对：孙兴乐
封面设计：奇景创意

出版发行：大连理工大学出版社
　　　　　（地址：大连市软件园路 80 号，邮编：116023）
电　　话：0411-84708842(发行)
　　　　　0411-84708943(邮购)　0411-84701466(传真)
邮　　箱：dutp@dutp.cn
网　　址：https://www.dutp.cn

印　　刷：辽宁新华印务有限公司
幅面尺寸：139mm×210mm
印　　张：6.125
字　　数：118 千字
版　　次：2024 年 1 月第 1 版
印　　次：2024 年 1 月第 1 次印刷
书　　号：ISBN 978-7-5685-4650-8
定　　价：39.80 元

本书如有印装质量问题，请与我社发行部联系更换。

出版者序

高考,一年一季,如期而至,举国关注,牵动万家!这里面有莘莘学子的努力拼搏,万千父母的望子成龙,授业恩师的佳音静候。怎么报考,如何选择大学和专业,是非常重要的事。如愿,学爱结合;或者,带着疑惑,步入大学继续寻找答案。

大学由不同的学科聚合组成,并根据各个学科研究方向的差异,汇聚不同专业的学界英才,具有教书育人、科学研究、服务社会、文化传承等职能。当然,这项探索科学、挑战未知、启迪智慧的事业也期盼无数青年人的加入,吸引着社会各界的关注。

在我国，高中毕业生大都通过高考、双向选择，进入大学的不同专业学习，在校园里开阔眼界，增长知识，提升能力，升华境界。而如何更好地了解大学，认识专业，明晰人生选择，是一个很现实的问题。

为此，我们在社会各界的大力支持下，延请一批由院士领衔、在知名大学工作多年的老师，与我们共同策划、组织编写了"走进大学"丛书。这些老师以科学的角度、专业的眼光、深入浅出的语言，系统化、全景式地阐释和解读了不同学科的学术内涵、专业特点，以及将来的发展方向和社会需求。希望能够以此帮助准备进入大学的同学，让他们满怀信心地再次起航，踏上新的、更高一级的求学之路。同时也为一向关心大学学科建设、关心高教事业发展的读者朋友搭建一个全面涉猎、深入了解的平台。

我们把"走进大学"丛书推荐给大家。

一是即将走进大学，但在专业选择上尚存困惑的高中生朋友。如何选择大学和专业从来都是热门话题，市场上、网络上的各种论述和信息，有些碎片化，有些鸡汤式，难免流于片面，甚至带有功利色彩，真正专业的介绍尚不多见。本丛书的作者来自高校一线,他们给出的专业画像具有权威性,可以更好地为大家服务。

二是已经进入大学学习,但对专业尚未形成系统认知的同学。大学的学习是从基础课开始,逐步转入专业基础课和专业课的。在此过程中,同学对所学专业将逐步加深认识,也可能会伴有一些疑惑甚至苦恼。目前很多大学开设了相关专业的导论课,一般需要一个学期完成,再加上面临的学业规划,例如考研、转专业、辅修某个专业等,都需要对相关专业既有宏观了解又有微观检视。本丛书便于系统地识读专业,有助于针对性更强地规划学习目标。

三是关心大学学科建设、专业发展的读者。他们也许是大学生朋友的亲朋好友,也许是由于某种原因错过心仪大学或者喜爱专业的中老年人。本丛书文风简朴,语言通俗,必将是大家系统了解大学各专业的一个好的选择。

坚持正确的出版导向,多出好的作品,尊重、引导和帮助读者是出版者义不容辞的责任。大连理工大学出版社在做好相关出版服务的基础上,努力拉近高校学者与

读者间的距离，尤其在服务一流大学建设的征程中，我们深刻地认识到，大学出版社一定要组织优秀的作者队伍，用心打造培根铸魂、启智增慧的精品出版物，倾尽心力，服务青年学子，服务社会。

"走进大学"丛书是一次大胆的尝试，也是一个有意义的起点。我们将不断努力，砥砺前行，为美好的明天真挚地付出。希望得到读者朋友的理解和支持。

谢谢大家！

苏克治
2021 年春于大连

自 序

新闻传播的历史几乎与人类的历史一样久远,但将新闻传播作为研究对象,则开始于1690年。那年,德国通过了一篇博士论文,讨论的是新闻的传播。把对新闻传播的研究视为一门学科,即新闻学,仅有100多年的历史。19世纪末,瑞士和德国的一些大学开始开设新闻学的课程;20世纪初,美国的一些大学开设了新闻学院。1918年,北京大学新闻学研究会成立。早在1843年,马克思作为《莱茵报》的主编,就强调了报刊具有自己的内在规律,他说:"要使报刊完成自己的使命,首先必须不从外部为它规定任何使命,必须承认它具有连植

物也具有的那种通常为人们所承认的东西,即承认它具有自己的**内在规律**,这些规律是它所不应该而且也不可能任意摆脱的。"①

相比较,作为研究人类传播行为的学科,传播学的启蒙要晚一些,尽管人类历史上的传播活动比新闻活动要更早。对传播现象的研究开始于 20 世纪 20 年代美国的哥伦比亚学派。1949 年美国学者威尔伯·施拉姆编写的《大众传播学》一般被视为传播学的形成。但马克思主义新闻观的研究表明,早在 1845 年马克思和恩格斯创立历史唯物主义的时候,他们就将"Verkehr"(交往)作为核心概念,论证人与人之间、社会群体之间,以及国家之间(包括战争)的物质交往和精神交往。他们使用"世界交往""交往形式""交往方式""交往关系"等术语,表达了对人类传播行为的宏大而全面的认识。② 我们通常以 1982 年传播学研讨会在北京的召开作为中国引入传播学的开始。实际上美国教育学家和心理学家约翰·杜威 1919—1921 年到访中国时,就从传播角度定义了"共同生活",提

---

① 马克思恩格斯全集:第 1 卷.2 版.北京:人民出版社,1995:397.
② 参见 陈力丹.精神交往论.北京:中国人民大学出版社,2016:绪章、第 1-3 章.

到了自由交际(Communication)。1932年9—12月,另一位学者罗伯特·帕克在燕京大学社会学系讲课,强调"交通厥为社会互动之灵媒(Communication as the Medium of Social Interaction)"。[①]

新闻学以新闻实践活动为研究对象,而传播学的研究对象则要宽泛得多,我们可以想到的信息流通现象和行为几乎都是传播学的研究对象。大众传播一度是传播学疆域里的重要板块,因而报纸、广播、电视这类点对面的"大众传播"与传播学有了诸多交集。从学科目录上来说,两个学科也关系密切。1997年,新闻传播学被教育部列为国家一级学科,新闻学与传播学是两个并行的二级学科。

新闻学偏重于人文、应用与实务,而传播学偏重于科学与理论。当然,新闻学也在不断吸收其他学科的成果,但新闻学的诞生并不建立在其他学科的基础上;而传播学的诞生一开始就是跨学科的结果,所以传播学又被称为"十字路口的学科",因为它在

[①] 北京大学人类学研究所.社区与功能:派克、布朗社会学文集及学记.北京:北京大学出版社,2002:85.

社会学和心理学的基础之上产生,还从政治学、文化人类学、生理学、新闻学等学科吸取理论与方法的营养。

当一个知识领域有了专职的研究人员、研究机构和专门著作的时候,大致可以判断一门学科有了形成的条件。但是学科的确立并不是知识的终结,恰恰相反,学科的知识是在不断丰富、演进的,甚至知识体系都在发生变化,尤其是像新闻传播学这样扎根于传播环境与社会实践的学科。

对于新闻学来说,"新闻实践和新闻业态在全球范围内的数字化,带来了新闻学理论体系的演进需求。从 2010 年前后开始,数字新闻学逐渐发展为新闻学在新的历史条件下的创新范式,以应对新闻学'研究对象发生本质变化的危机',以及新闻学'学科地位边缘化的危机'。在诸多方面,数字新闻学均体现出与经典新闻学的显著不同,不但在价值内核、核心概念、研究实践和批判理论等维度重新组织与新闻有关的知识生产,而且在商业、技术、组织、文化、使用者和关系等领域引领新闻实践的创新,更带来总体性研究视角向'用户'的转移。"①

对于传播学来说,"传播技术的发展不断带来'新的媒体',这些'新的媒体'表征着新的社会连接方式、尺度与标准,使人们能够探索更多的时间空间,能够拥有更多的资源和更多的领地,去展示和安放人们的价值、个性以及生活的样态。"②

因此,在新闻传播实践和新闻传播学研究都在不断变革的时代,要面向"05后"(2005年前后出生的一代)讲述什么是新闻传播学,似乎有过时之嫌,同时要在一本这样的小册子里面面俱到讲述什么是新闻传播学也是一件不太现实的事情,所以这本小册子既不妄想也不致力于"复盘"一个完整的一级学科体系,不过是管中窥豹,但取一斑。

本书共分八章,前四章关于新闻学,后四章关于传播学。新闻学部分涉及新闻的性质(第一章)、大数据与虚拟技术下的多形态(第二章)、新闻人的操守与新闻观(第

---

① 常江,黄文森.数字时代的新闻学理论:体系演进与中西比较.新闻记者,2021(8):13-14.
② 喻国明.新媒体范式的历史演进与社会建构——兼论传播学学科发展的着眼点与着手处.现代出版,2021(4):6.

三章)、受众的新闻素养(第四章);传播学部分涉及人际传播(第五章)、群体传播(第六章)、大众传播(第七章)和跨文化传播(第八章)。

著 者
2024 年 1 月

目 录

第一部分 什么是新闻学？

新闻是什么？/ 3

新闻:建构拟态环境的信息 / 4

新闻与信息 / 4

拟态环境 / 8

新闻价值:弱水三千只取一瓢饮 / 11

快新闻与慢新闻 / 11

你关注什么国家政策？/ 13

杂交水稻之父的去世 / 16

猫被老鼠追 / 17

新闻生产:不再是"人间指南"的"编辑部的故事" / 18

  从报纸头条到今日头条 / 18

    谁在看报纸? / 18

    算法推荐:"我们"看到的新闻不一样? / 20

    付费墙:免费午餐的时代终将过去? / 22

  虚拟现实:VR新闻 / 23

    新闻体验越来越刺激 / 23

    成也技术,败也技术 / 24

  可以说话的数据:数据新闻 / 26

    数据来说话 / 26

    可视化:数据一点不枯燥 / 28

  媒介的取长补短:融合新闻 / 30

    一"鱼"多吃 / 30

    媒介融合 / 32

新闻人的操守与新闻观 / 35

  新闻人的操守 / 35

    铁肩担道义,辣手著文章 / 35

    客观与立场矛盾吗? / 40

  定盘星:坚持马克思主义新闻观 / 45

    新闻舆论工作的职责和使命 / 46

新闻工作的首要原则：坚持党性原则 / 48
　　新闻工作的落脚点：以人民为中心 / 51
　先做记者还是先做人？/ 52
　　卧底记者可不是"陈永仁" / 53
　　有时，放弃采访更可敬 / 55

新闻素养：参透新闻的本事 / 58
　谁来生产新闻？/ 58
　　生产新闻的人 / 58
　　把关人 / 60
　　机器人记者和虚拟主播 / 63
　不被垃圾信息遮蔽 / 66
　　如何甄别虚假新闻？/ 67
　　黄色新闻与新黄色新闻 / 69

第二部分　什么是传播学？

从面对面到隔屏相望 / 75
　意义与情感：我们离不开人际传播 / 75
　　社会交换与自我表露 / 75
　　自我概念与镜中我 / 78
　　人际关系网：六度分离 / 80

身体、文字与表情包 / 82

无声的语言:古老的身体传播 / 82
"有事微信说":面对面怎么这么难? / 84
你有多少表情包? / 86

想象互动、表演与倾听 / 88

想象互动 / 88
舞台表演 / 90
学会倾听 / 93

虚拟社群的真实互动 / 95

群体内的归属欲望与认同 / 95
群体意识与归属 / 95
群体压力与动力 / 98

网络赋权与赋能 / 101
匿名与表达 / 101
参与文化:B站、弹幕和抖音 / 103
粉丝和饭圈 / 105

乌合之众与舆论的"沉默螺旋" / 106
乌合之众 / 107
反沉默螺旋与双螺旋 / 110
信息的黑市 / 112
后真相 / 116

依旧无处不在的大众传播 / 119

媒体生产与媒介场 / 119
媒介是条鱼？/ 119
合适的娱乐 / 123
媒介仪式：看春晚还可以抢红包 / 127

做意义的生产者 / 130
沙发土豆变大拇指 / 131
商品与虚假需求 / 133
数字劳工 / 135
意义的生产者 / 137

与陌生人对话 / 140

跨文化：文化适应与生活方式 / 141
文化与跨文化 / 141
"世界是平的" / 142
留学、移民与文化休克 / 145
社交媒体上的跨文化传播 / 147

文化代码 / 148
高语境与低语境 / 148
有声与沉默的语言 / 150
文化身份 / 153

文化折扣 / 156
文化中的他者 / 158
从丝绸之路到"一带一路" / 159
迪斯尼的公主们 / 161
"小萝莉的猴神大叔" / 163
各美其美,美美与共 / 165

结　语 / 169

"走进大学"丛书书目 / 173

第一部分

什么是新闻学？

新闻是什么？

"天涯行欲遍，此夜故人情。乡国别来久，干戈还未平。灯残偏有焰，雪甚却无声。多少新闻见，应须语到明。"

——《冬夕喜友生至》（李咸用）

唐代诗人李咸用没有李白、杜甫有名，但他是最早在诗作中提到"新闻"这个概念的诗人。不光上面这首《冬夕喜友生至》，他的另一首诗《春日喜逢乡人刘松》中也说道："旧业久抛耕钓侣，新闻多说战争功。"

这说明中国在唐代就有了"新闻"这个词，比西方早了至少 500 年（在西方，直到 14 世纪"News"才仅仅作为"New"（新）这个单词的复数形式出现）。之后新闻从诗词和语言学的视野进入到新闻行业，距今也有漫长的历史。

▶▶ 新闻:建构拟态环境的信息

➡➡ 新闻与信息

"信息"一词在我国也有悠久的历史。据说第一次将"信息"记录在文字中的是《暮春怀故人》(南唐诗人李中):"梦断美人沈信息,目穿长路倚楼台。"虽然信息出现得比新闻晚,但现在新闻和信息这两个词常常同时出现,比如我国最大的通讯社新华社在官网的自我介绍中写道:"依托全球信息采集网络,运用最先进的信息加工平台,新华社建立了多语种、多媒体、多渠道的新闻信息发布体系"[①]。我国国家互联网信息办公室发布的《互联网新闻信息服务管理规定》针对的也是"新闻信息"。

如果仔细观察不同新闻定义出现的年代,我们就会发现,早期关于新闻的定义是不包含信息的。我们关于现代意义的信息与新闻的关系的理解,始于信息论与控制论。

---

① 新华社.新华社新闻产品.新华社新闻信息服务网.

信息论的出现让信息这个概念普及开来。信息论是运用概率论与数理统计的方法研究信息的应用数学学科,"除了有关消息传递的电工理论外,信息论还有一个更加广大的领域,它不仅包括了语言的研究,而且包括了消息作为机器的和社会的控制手段的研究,包括了计算机和其他诸如此类的自动机的发展,包括了心理学和神经系统的某些考虑以及一个新的带有试行性质的科学方法论在内。"[1]从这段表述中我们可以知道,信息论的领地特别辽阔,语言学、电子学、工程学中也都用到信息这个术语。

20世纪50年代,信息论被引入传播学。传播学与新闻学一衣带水,所以信息论也顺理成章进入到新闻学。新闻是让人们获知原本不知道、不确定的事情,这与信息的内涵恰好吻合。20世纪80年代,信息概念被引入中国新闻学。

承认新闻是一种信息非常重要。因为它不仅回答了新闻到底是什么,而且使新闻学这个学科有了存在的逻辑基础,"它给了新闻的本质以合法性解释,它给了新闻

---

[1] 维纳.人有人的用处——控制论与社会.陈步,译.北京:北京大学出版社,2010:11.

与宣传一个泾渭分明的划分,它给了新闻媒介的功能一个新的定位,它更是带来新闻事件的一片勃勃生机",所以有人说,信息概念的引入带来了中国新闻传播学研究的一场哥白尼革命。①

但新闻只是信息的一种,"专指关于新近发生的、与众不同的事实的信息"②。英国作家伊夫林·沃曾给新闻下定义说:"新闻是一个不关心任何事的家伙想读的东西。只有当他读到它的时候它才是新闻。读完它也就死掉了。"③这个定义说明:(1)新闻是人们关心和感兴趣的东西;(2)新闻的存在价值离不开受众;(3)新闻有很强的时效特征。这三点分别对应了新闻与非新闻信息之间的区别:

新闻能让人们感兴趣,是因为新闻是具有新闻价值(关于新闻价值我们在后面章节还会具体讲到)的事实,而非新闻信息虽然也有价值,但不具有新闻价值。股市行情起起伏伏,每个数据的变化都是信息,但只有出人

---

① 姜红.作为"信息"的新闻与作为"科学"的新闻学.新闻与传播研究,2006(2):31.
② 陈力丹.新闻理论十讲.上海:复旦大学出版社,2020:2.
③ Susan Ratcliffe. Oxford Essential Quotations. 4th ed. [S. l.]: Oxford University Press, 2016.

意料的狂跌或涨停才是新闻；很多人都补过袜子，但知名人士一双缝缝补补30年、打满补丁的袜子才是新闻；牧羊犬牧羊不是新闻，但鸭子牧羊则因为少见而成为新闻。

新闻的存在价值离不开受众，所以新闻是需要传播出去让受众获知的。"新闻传播的目的是让对方了解一件事，只要对方知道了这件事，新闻传播的任务就完成了。"[1]而非新闻信息不一定要传播出去让大众知晓。恩格斯描述过19世纪40年代柏林小市民对新闻的需求："他们不也是只顾听听看看有什么新闻吗？你们随便到哪一家咖啡馆和糕点铺去，都能看到你们新雅典人埋头在报纸里，而圣经却搁在家里，积满灰尘，无人翻阅。听听他们见面时的相互寒暄吧：'有什么新闻吗？''没有什么新闻吗？'如此而已。他们总是需要新闻，需要前所未闻的消息"。[2]

新闻的时效性很强，"新闻必须在有效的时间内把一个事实传播出去，过了这个'点'，再重大的事实也没有价

---

[1] 陈力丹.新闻理论十讲.上海：复旦大学出版社，2020：2.
[2] 马克思,恩格斯.马克思恩格斯全集：第2卷.中共中央马克思恩格斯列宁斯大林著作编译局，编译.2版.北京：人民出版社，2005：412.

值了,因为人们都知道了。"所以说"读完它也就死掉了"。①

➡➡ 拟态环境

"人是束缚在他自己的感官所能知觉到的世界中的。"②在能够延伸感官的工具出现之前,人所能接触的世界极其有限。汽车的发明拓展了双脚可以丈量的距离,电话的发明拓展了可以听到的距离,新闻的出现更具有拓展的意义,它使人们可以看到、听到更遥远的地方发生的事情。

新闻告诉我们这个世界发生的事情,我们也需要新闻来帮助我们获知周边和世界其他地方的状况,从而对外界环境做出认知和判断,为自己的行为做出选择和规划。那它是不是一面反映现实环境的镜子呢?答案是否定的。"回首往事时不难发现,我们对于自己置身其中的环境的了解远非直截了当。关于外部环境的信息来得或快或慢……"③不仅是时差关系,新闻都是传播媒介选择

---

① 陈力丹.新闻理论十讲.上海:复旦大学出版社,2020:2.
② 维纳.人有人的用处——控制论与社会.陈步,译.北京:北京大学出版社,2010:12.
③ 沃尔特·李普曼.舆论.常江,肖寒,译.北京:北京大学出版社,2018:4.

加工的结果,它既不可能关照大千世界里的万事万物,也不可能是对现实事物原貌复制,因此与实际存在的不以人的意志为转移的客观现实是存在差异的。这种象征性现实对现实世界的再现构成了楔在人和环境之间的虚拟环境。这个虚拟环境被称为"拟态环境"。

世界上每天发生不计其数的事件,只能有一小部分象征性事件或信息能够被选择、加工和解读,成为构成我们认知环境的来源。

更重要的是,新闻虽然报道事实,但新闻与真相并非一回事。"新闻的作用是就某一时间向公众发出信号,而真相的作用则是将隐藏的事实置于聚光灯下,在不同的事实之间建立联系,并营造一幅令人对其做出反应的现实图景。只有在各种社会条件呈现为可感可触形态的情况下,真相和新闻才会协调一致,共同服膺于那些范围极其狭隘的人类共同兴趣。"[1]也正是基于对新闻与真相的理解,我们不能指望新闻机构承载我们了解现实的所有期待。它不是社会状况的一面镜子,"新闻机构并不是社会机构的替代品,而更像是探照灯射出的一道躁动不安

---

[1] 沃尔特·李普曼.舆论.常江,肖寒,译.北京:北京大学出版社,2018:226.

的光柱,一个接一个地照亮原本藏匿在暗夜中的事物。人不可能仅凭这么一道光柱就对世界了然于胸,也不可能仅凭某些插曲、某些事件和某些争端来实现对社会的治理。"①

所以一方面,我们离不开这个拟态环境,经过媒介选择与重构的事件毕竟是现实世界里真实发生的,虽然它与现实环境存在偏离,但也不是完全割裂的,它让我们看到了世界的某一面。更重要的是,它是我们认知个人感官不能触及的世界的重要渠道,如果没有它,我们将更加目光短浅、故步自封。另一方面,我们需要保持清醒的头脑,不能认为拟态环境就是环境本身,要意识到如果我们因此构成关于世界印象的全部,那这个印象必然是一定程度的错觉。我们需要对我们的行为负责,"人的所有行为都是针对这个拟态环境做出的",但这些行为如果是具体的行动,其产生的后果并不是作用于催生了这些行为的拟态环境,而是作用于那个实实在在承载了这些行动的真实环境。②

---

① 沃尔特·李普曼. 舆论. 常江,肖寒,译. 北京:北京大学出版社,2018:229.
② 沃尔特·李普曼. 舆论. 常江,肖寒,译. 北京:北京大学出版社,2018:10.

▶▶ 新闻价值:弱水三千只取一瓢饮

世界上每天都发生很多事情,但不是所有的事情都能被报道出来,值得报道的新闻必然具有一些共性,即具有传播价值。

新闻价值是传播价值的重要构成部分,它是事实中所含新闻构成要素的总和。能构成新闻的要素有很多,通常包括新鲜、重要、接近、显著、趣味等要素。2012年12月4日,中共中央政治局通过的《关于改进工作作风、密切联系群众的中央八项规定》就使用了"新闻价值"的概念:"要改进新闻报道,中央政治局同志出席会议和活动应根据工作需要、新闻价值、社会效果决定是否报道"。[1]

➡➡ 快新闻与慢新闻

1997年被称为电视直播元年,因为这一年开始大量采用直播方式,香港回归和三峡大江截流报道都是当年直播的经典。但其实从电视行业来说,我国的电视直播

---

[1] 齐声.关于改进工作作风、密切联系群众的中央八项规定.(2019-11-24).新华网.

要比这个时间点早差不多40年。1958年北京电视台(中国中央电视台前身)播放电视剧《一口菜饼子》就采用了直播的方式。不过这不是因为技术超前,恰恰是因为技术落后(电视台没有录像设备和演播室),不得已而采用直播方式。今天,不仅电视直播,移动直播也变得稀松平常。

技术保障了新闻的时效,在今天,能否做出又快又好的新闻考验的是记者对新闻价值的判断力和不畏艰险的勇气。2019年获得中国新闻奖的新华社作品《江苏盐城一化工园区内发生爆炸 救援已展开》就是这样一条新闻。当年3月21日14时48分,江苏盐城市响水县的一家化工有限公司化学储罐发生爆炸。这起特大事故发生后,新华社音视频部立刻启动突发事件应急报道机制。18时20分,记者使用手机拍摄和实时传输,完成独家视频直播报道。在该作品参评中国新闻奖的推荐理由中,"报道及时、准确"是重要的一条:"响水爆炸事故发生后,新华社记者反应快,在暴露于苯类化合物燃烧污染的环境下冒着危险完成直播,时效领先"。[1]

---

[1] 中国记协新媒体专业委员会.江苏盐城一化工园区内发生爆炸 救援已展开.(2020-06-28).中国记协网.

当然，并不是所有的新闻都要追求时效，所以就有了"慢新闻"这个概念。这里的"慢"仅是相对而言的，它反对的是过度追求时效的"碎片式"或"膝跳式"新闻，主张通过给予记者适当的时间和空间来完成工作，还原事件或现象的意义。像深度报道，需要在千丝万缕之间挖掘或建构事物的意义，就必然不以追求同步报道为目的。在人人都想与事件同步的时代，慢一步去追寻新闻的价值，强调准确、深度、语境、分析和专业观点，同样重要。

不过，新闻对"时"的要求，快是基本的。习近平在解释"时"时说："时，就是时机、节奏。时效决定成效，速度赢得先机。没有时效性就没有新闻。现在，新闻报道更要全天候、全过程、全方位，零时差、零距离。"[①]

➡➡ **你关注什么国家政策？**

国家政策对每个人都很重要，但每个人关心的侧重点会有所不同，这是因为每个人都有自己的诉求，有对自身利益、发展的关注。若这样的诉求和利益具有了规模，相关的信息便有了加以报道的新闻价值。

---

① 中共中央文献研究室.习近平总书记重要讲话文章选编.北京：中央文献出版社 党建读物出版社,2016：430.

1977年10月21日,《人民日报》在头版发表《高等学校招生进行重大改革》的文章,宣布恢复高考,全国青年都为之沸腾。对于几百万考生来说,恢复高考的消息尤其重要,因为这是他们通过读书改变个人命运、报效国家的途径。

对于现在的高中生来说,能否考上心仪的大学也同样深受高考政策的影响,因为每一次高考改革的具体举措都会直接影响到考试科目和录取标准。2014年浙江和上海作为改革试点开始启用单独命题试卷,随后山东、天津、北京、海南等地也开始了各自的新高考改革方案,到第三批新高考改革时,越来越多的省份加入。这些省份的高考政策变化乃至整个教育政策大环境的变化对于高考生来说就是重要的新闻。

1977年考上大学的考生不需要关注学费和就业市场的信息,因为国家有包学费和包分配政策。但是到2000年,不包分配、竞争上岗、择优录取的就业新机制出台后,大学生就得关注关于学费、出国、考研、考公、支教以及其他就业的政策了。

等到大学毕业,进入职场的年轻人关注的重点又变了,住房政策、职业市场调控、积分落户、开放"三孩",以及延迟退休政策都是关注的对象。

因为要考大学而关心高考信息、因为要毕业而关心与毕业相关的信息、因为踏入社会而关心各种社会信息，这种动因我们归结为社会性的接近心理。"接近"既包含了这些与个人利益的相关，也包含了身份、年龄、性别等各个方面与受众的关联，反过来说，当受众感受到新闻里的这些信息与自己关联时，他们就会格外关注。所以对于大学生来说，发生在大学生身上的故事会更吸引注意力；对于女性来说，打破性别歧视的招聘政策格外有吸引力。共同身份、同样性别、相似年龄的特征等，都会使某些"同类"新闻格外受到关注。

虽然今天地球被称为"村"，世界好像变小了，但实际上人们在心理上依然会对发生在身边的事情更为关注，即地理上的心理接近。如果大家留意地方媒体的话，就会发现总会有地方新闻这个板块。地方新闻正是对地理心理接近的一种回应。若同样的事情在自己所在的城市和地球的另一端同时发生，即使在遥远的地方影响更大，人们也总是更关注身边。奥运会每隔四年举办一次，但2008年的夏季奥运会、2022年的冬季奥运会我们格外关注，因为这是在我们自己的国家举办的盛事；对于北京人来说，家门口的盛事就更加值得关注。

➡➡ 杂交水稻之父的去世

2021年5月22日，91岁的袁隆平在湖南湘雅医院去世。几乎所有媒体都在显著位置刊登了这则消息，不光我国，很多外国媒体也在第一时间进行了报道。

为什么一位老人的去世会成为国内外的重要新闻？因为袁隆平作为杂交水稻之父，不仅解决了中国粮食自给的难题，也为世界粮食安全做出了贡献，他研发的杂交水稻为世界抗击饥饿带来了希望。所以他就不仅是中国的，也是世界的科学英雄，享有极高的社会声望。正因为他有如此高的社会知名度，他的离世才是值得关注的新闻。这就是新闻事实中包含的人物的知名和显著要素。

正是知名和显著要素让很多名人的普通事成为具有新闻价值的事件。买菜购物、上学上班、生病就医、结婚生子等，这些事件本身并没有什么特别的，但发生在有较高社会地位或知名度的人身上，就是新闻。

当然，反过来，有一些事件没有名人"加持"，也可能因为自身的不同凡响而具有显著特点。比如钱塘江涨潮、春节晚会的节目单等。

➡➡ **猫被老鼠追**

迪斯尼动画《猫和老鼠》里汤姆猫被杰瑞老鼠追的故事,小朋友们特别爱看,因为它颠覆了惯常老鼠怕猫的思维。这种颠覆其实在新闻价值中也有体现,我们把它称为趣味要素。好奇也是一种趣味,马克思引证过古希腊哲学家亚里士多德的名言:"惊奇是探求哲理的开端。"[1]

每年的两会是一个严肃的报道题材,但两会上的花絮新闻也是人们津津乐道的内容。央视午间国际新闻的结尾常会有几则让人会心一笑的动物趣闻。这些都是新闻趣味要素的体现。

一则新闻往往包含多个新闻要素,包含的新闻价值要素越多,也就越能引起民众更多的关注。

---

[1] 马克思,恩格斯.马克思恩格斯全集:第1卷.中共中央马克思恩格斯列宁斯大林著作编译局,编译.2版.北京:人民出版社,1995:294.

新闻生产:不再是"人间指南"的"编辑部的故事"

1992年我国室内剧《编辑部的故事》讲述了杂志《人间指南》编辑部的故事,办公桌上一杯茶、厚厚一摞报纸、书本的编辑室几乎是当时大多数媒体的缩影。如果从1992年算起,30余年的时间里,不光编辑室发生了巨大变化,新闻生产的变化也翻天覆地。

▶▶ 从报纸头条到今日头条

➡➡ 谁在看报纸?

20世纪90年代,一茶一报是媒体编辑室的标配,看报则是乘坐地铁的标配。在靠近地铁的报亭买一份《参考消息》,世界大事尽收眼底。但自2005年迄今,据不完全统计，我国已有近百份报纸休刊或停刊，这中间还包括不少曾风光无限的报纸。作为城市文化象征之一的报亭应该最能见证纸媒的衰落，2008年北京曾有2 510个报亭遍布角落，但现在已很少看到了，在很多城市报亭已经彻底消失。

2019年年底，中国人民大学国家发展与战略研究院针对典型的中国城市开展网络问卷调查后发布《5G时代中国网民新闻阅读习惯的量化研究》报告。报告中提到，受访者使用手机阅读新闻的几乎是100%，而看报纸的只占到0.68%。数字移民可能还保留着传统媒介使用的惯性，但对于数字原住民来说，不光是报纸，电视、广播作为传统媒体也几乎淡出媒介使用的日常了。[①]

不光中国，报纸的消逝在世界范围内也是一种趋势，报纸甚至被称作"媒体恐龙"。在美国，2004—2018年有约1 800多家报纸关闭，像《华尔街日报》这样的大报也时时面临着裁员和取消纸质的风波。

报纸衰落的速度超过我们的想象。对于缅怀报纸油墨香的人来说，这似乎是令人悲悯的现象。但从新闻媒

[①] 张智.纸媒和电视的使用人数不到十分之一，但5G时代下优质内容会获得更多需求.(2019-11-18).华夏时报网.

介发展的历史轨迹来看,纸媒的衰落其实也是历史的必然。纸媒本身也在不断更迭,很多传统媒体早已经形成了"两微一端"的融媒格局。尽管手机阅读近100%的数据说明大部分人几乎不看纸质报纸了,但从另一方面来说,他们只不过是改变了信息的接收方式,对新闻的需求并没有因此衰减。

➡➡ **算法推荐:"我们"看到的新闻不一样?**

过去是传统新闻组织主导新闻生产,但现在技术公司像Facebook(Meta)、苹果、Version等不仅在全球数字广告市场举足轻重,也开始大量介入到新闻信息生产的过程中。在国内,我们熟知的今日头条就是北京字节跳动科技有限公司的产品,除了今日头条,大家常刷的抖音、火山、西瓜视频也都是字节跳动旗下产品。

内容分析和用户标签被认为是推荐系统的两大基石。传统的媒体其实也会进行内容分析和用户画像,但只能基于用户问卷调查获取的粗略信息。技术公司则能充分利用数据挖掘技术,运用数学算法解决用户、环境和资讯的匹配问题,从而预估要推荐的内容在某一场景之下对某一用户是否合适,做到信息的精准分发。

在推测用户喜好上,用户标签是重要指标。常用的用户标签一般包括性别、年龄、所在地等人口统计特征方面的信息，还有一大类是与用户兴趣相关的类别和主题、关键词、来源、对象等。

在内容分析上，不同的文本、图片、视频都有各自不同的特征，通过文本分析，就可以为用户兴趣建模，给喜欢不同新闻内容或信息内容的用户打上相应的标签。这样的话，就可以把相关的内容推荐给喜欢该内容的用户。所以两则不同的信息会在不同的时间推给完全不同的两拨用户。

当然，算法不会真正做到千人千面，毕竟要面对的用户是以亿、万计的，要是"一人一身衣"，成本太高，再说总会有共有的人口统计特征和兴趣爱好，所以强大的算法推荐系统会充分利用基于用户的协同过滤，即在分析用户行为时，将有相似的点击、兴趣或兴趣词分类、文章主题等的用户视作具有相同或相似喜好的同一类用户，这样就可以针对同一类用户推荐他们都感兴趣的信息。这种协同过滤有点类似"物以类聚，人以群分"，所以算法之下，不仅"你"看到的新闻与"我"看到的新闻不太一样，"我们"看到的新闻也可能与"你们"看到的新闻不太一样。

➡➡ 付费墙：免费午餐的时代终将过去？

付费墙是一种比喻的说法，指对在线新闻内容实行付费阅读，这就好像在用户和新闻机构在线内容之间筑起一堵墙，将那些没有付费订阅的人挡在墙外。

传统报纸其实也不是免费，但报纸的售价几乎连印刷报纸的成本都支付不了，所以传统报纸盈利依赖的不是发行本身，而是发行量带来的广告。互联网出现后，传统媒体无论在新闻内容、发行，还是赖以生存的广告收入上，都被互联网平台无情碾压，因此付费墙被看作应对互联网入侵，重新夺回内容和发行主导权的一种方式。

付费墙有三种模式：一种是硬式付费墙，即完全没有免费内容，用户需要付费来阅读、收听、观看内容；第二种是软式付费墙，它允许用户使用某些免费内容，比如摘要，但要看正文就需要付费；第三种是计量式付费墙，允许用户在特定时间内访问一定数量的免费文章，超过后就需要付费访问。

自从1997年美国财经报《华尔街日报》率先开启在线阅读付费模式以来，付费墙就成为越来越多媒体在互联网平台上的生存模式。很多知识类平台像喜马拉雅、知乎、豆瓣、分答、果壳等也都有付费板块。

很多人认为付费墙模式让新闻"沾染了铜臭"而变质。但实际情况可能恰好相反,媒体为了让习惯免费午餐的用户买单,会努力提高新闻的内容品质,还会充分考虑用户的阅读体验,越发把用户当作"上帝"。

当然,对新闻内容收费有可能在买得起新闻的人和买不起新闻的人之间形成新的数字鸿沟。即使不考虑意愿,付费会使有着更高收入和受过更多良好教育的人更有可能得到更好的信息资源。要防止付费导致的数字鸿沟,就需要在坚持付费墙模式的基础之上,让公共新闻资源覆盖到更广泛的受众,生产高质量的免费新闻,确保低收入和低学历的民众也能获得相应的媒体资源。

▶▶ 虚拟现实:VR新闻

2013年,美国《得梅因记事报》的新闻作品《丰收的变化》用VR拍摄了美国中北部艾奥瓦州家庭农场,这被看作VR技术在新闻生产中最早的尝试。如果从这时算起,迄今也不过10年。但媒介技术的出现总是会深深影响新闻生产、拓展新闻学的外延,VR技术也不例外。

➡➡ 新闻体验越来越刺激

传统新闻的报道是二维呈现方式,而VR技术通

过全景镜头捕捉新闻场景、还原新闻现场，提供了一种三维场景的呈现。同时，这种技术也让作品打破一般的时空顺序，可以进行多视角的非线性叙事，从而为用户提供不断变换的线索。所以在真正的VR作品里，用户不仅能够身临其境，还可以自主选择故事的发展进程。

2015年9月3日中国首次抗战胜利日阅兵时，人民日报全媒体平台第一次采用全景VR进行现场记录，用户得以720°全方位体验这场激动人心的盛大活动。在这之后，国内不少媒体都将VR技术用于新闻直播。2020年1月，火神山、雷神山医院的突击建设就被中央广播电视总台以全景VR直播的方式呈现。用户通过VR直播仿佛置身于施工现场，有超过2亿人成为"云监工"。

在类似大阅兵和云监工的VR参与过程中，用户作为新闻事件的现场目击者，置身于现场，感受新闻故事中人物的呼吸声、脚步声，这种体验产生的移情效果是传统媒体的"远处的"视频难以比拟的。也因此有人把VR看作超媒体技术，甚至认为它颠覆了传统报道模式。

➡➡ **成也技术，败也技术**

VR新闻对技术要求很高，所以媒体需要与一些VR

制作公司合作，由这些技术公司提供全景摄像师到现场进行拍摄和后期制作。这个周期通常要比传统的新闻制作周期长，一个作品可能需要几个月的拍摄时间。因此，从技术周期角度看，不是所有的新闻题材都适合用VR技术进行报道，现象、问题等具有状态性的新闻内容因为没有那么高的时效要求，比突发事件更适合用VR来呈现。

2016年里约热内卢奥运会时，美国国家广播公司NBC（奥运频道）与韩国三星联手推出VR视频报道，观众只需一部三星手机和配套的三星Gear VR头显就可以收看，但这些VR节目采取的是延后播出方式，所以从时效上来说，反而落后于电视的直播。

VR的另一个障碍是使用时的眩晕感。如果VR头显本身的刷新率达不到要求，产生画面延迟，用户会有视觉晕动感。技术足够好的VR头显虽然解决了视觉晕动，却又产生另一种眩晕。因为大多数VR体验时身体是原地不动的，但VR会通过视觉的景象让身体产生移动，大脑被传递的状态与身体的真实状态不一致，导致大脑释放出强烈的眩晕感。这也是VR技术难以突破困境得到长足发展的原因之一。

▶▶ 可以说话的数据:数据新闻

➡➡ 数据来说话

数据新闻也被称为"数据驱动新闻",它通过反复抓取、筛选和重组来深度挖掘数据,聚焦专门信息以过滤数据,可视化地呈现数据并合成新闻故事。[①]

因为数据新闻与20世纪60年代的精确新闻一样都是基于对数据的挖掘和处理,很容易被看作是精确新闻在互联网时代的升级版,但两者除了数据的量级差异,还有很多不同。

从新闻样态上来说,精确新闻以文字为主、数据为辅,数据是用来作为一种例证,增加报道的准确度和客观性的手段。但在数据新闻里,数据是主角。2014年春节期间,央视《晚间新闻》与百度合作,推出"据说春运"节目,利用百度地图定位对国内春节期间人口流动情况进行了数据呈现,数亿人次的流动轨迹构成一张实时变化的动态图,这时不需要任何文字,人们关注的信息通过大

[①] Lorenz, Mirko. Data driven journalism: What is there to learn?. IJ-7 Innovation Journalism Conference, 2010(6):7-9.

数据构成的动态图可以一目了然。

从生产流程来说,精确新闻里的数据是记者通过民意测验、问卷、抽样、统计分析、实地试验等社会科学研究方法来获取的,而数据新闻的数据是对现有数据的收集和加工分析,通过反复抓取、筛选和重组来深度挖掘数据,聚焦专门信息,用可视化呈现数据来展示事实。当然,媒体也可以制作基于原创数据的数据新闻。比如,2014年春节前,《南方周末》与环保组织创绿中心联合发起"回乡测水"行动,招募了192名志愿者带着测水包去检测其家乡的地表水水质,并向数据统计网站上传测水结果。最后在20个省份的35组饮用水、12组地表水数据基础上生成了一个原创数据新闻《南方周末"回乡测水"家乡水,清几许?》。

通过媒体调查得出的类似原创数据新闻在数据收集、整理和分析上有很大的主观性,大部分数据新闻的数据来源依赖于权威机构,比如政府部门或主管单位的官方网站、各种媒体机构或第三方调查公司的数据库等。

相较于精确新闻,数据新闻不仅是一种新的新闻呈现方式,也是一种新的新闻生产方式。当然,也因为是海量数据的收集与处理,这个周期往往需要几个月的时间

来完成,所以数据新闻更适合深度或调查类题材的报道,而时效性强的新闻比如突发性事件就不太适合以数据新闻呈现,除非能够在短时间内获得大量所需数据。

➡➡ 可视化:数据一点不枯燥

对于数据新闻来说,数据不一定是具体的数值,它也可以是音频、视频或文本,既可以是静态的,也可以是动态的。因为数据新闻里的数据庞杂,同时时空维度跨度大,利用组合图表以及时间轴、动态三维图式、遥感地图、街景、交互可视化等来展现是一种常见的呈现方式。有了可视化手段,包括教育、医疗、环境、文化等在内的与人们息息相关的话题都可以借助数据呈现,从而变得更生动。像我们熟知的大诗人苏东坡的一生,也可以通过数据可视化视频呈现出来(只是这样的视频算不上是数据新闻,而只能被称为一个数据作品)。

在数据新闻的生产过程中,可视化是重要的一环。可视化不仅仅是美化的需要,也是对数据进行比较处理、增强说服力的需要。好的数据新闻可以同时服务于这两个需要。数据新闻常用到色彩这种视觉语言,因为色彩有非常高的辨识度,通过对不同色系和不同色调的运用,能够使数据信息的意义凸显出来,让受众一目了然。因此,从不同颜色的对比运用可以看出现象或问题的变化、走向、差异、严重程度等。不同色彩的小点位可以表示不同的量级,鼠标移动到某一个点位时,能够显示该点位代表的具体值,这样就实现了信息交互。

用数据呈现事实是数据新闻的核心。数据新闻与传统新闻一样,也是在报道新闻,只不过报道的是以数据驱动的可视化的新闻。在优秀的数据新闻作品里,宏观事实与微观事实可以有机结合在一起,既有数据呈现的社会背景,也有具体的细节事实。所以可视化并不是一种单纯的炫技,也不是数据的简单堆砌或者不同文本的简单组合,而是为了更好地呈现事实,给受众更好的阅读体验。

数据新闻的出现对今天的记者提出了更高的要求。"记者需要成为'数据通',过去的记者能通过酒吧聊天获取新闻,这种方法今天有时还管用,但是未来记者需要钻研数据,能够运用工具分析数据,找到其中有趣的部分。记者还要正确看待数据,帮助公众获知哪些部分零散的数据可以进行整合,呈现整体状况,从而了解这个国家正在发生怎样的变化。"[1]因此,做数据新闻的记者应该是复合式人才,不仅具有新闻敏感性,能够找到好的新闻选

---

[1] 方洁.全球视野下的"数据新闻":理念与实践.国际新闻界,2013(6):76.

题，还需要懂编程，能够抓取大数据，具有数据分析和整合能力，将数据以易懂、有趣的方式呈现出来。

目前大部分数据新闻来自团队作业，除了数据编辑对数据的快速分析处理和程序开发外，还有其他专业人士负责动画设计、平面设计、3D设计等优化作品外观的工作。中国数据内容大赛每年都有不少令人眼前一亮的作品，这些作品不仅出自新华网、澎湃新闻、财新传媒等媒体，不少还出自高校学生团队。也许有一天大家也能参与到数据新闻可视化的实践当中。

▶▶ 媒介的取长补短：融合新闻

过去，不同媒介形态几乎"井水不犯河水"，但在互联网之下，不同媒介形态不再"老死不相往来"，于是有了融合新闻。融合新闻其实是一种多媒介元素的多样化新闻报道模式或者新闻文体形态。

➡➡ 一"鱼"多吃

"在媒介融合背景下，以多种新技术为支撑，融合新闻不仅集合了文字、图片、音频、视频等不同媒介元素，而且十分注重新闻与受众的互动，是一种互联网新闻生产形式,通过网页的超链接、界面互动等技术实现融合新闻的互动效果。"①多种媒介元素的集合呈现就像现在流行的一鱼多吃,这条鱼就是新闻选题,做好这条鱼不再是单一的红烧或煎炸或清炖,而是考虑将这些做法都用上,看起来还是一道菜,但却有好几种吃法。

在新媒体出现之前,文字、图片、视频、音频、图表的集合呈现已经出现,但不像今天运用得这么普遍。新华社以往关于"两会"的报道都是静态的图文叙事,从2014年开始,图表交互、VR视频直播、超链接成为新华社报道"两会"的重要方式。"两会"的人物访谈采用"文字+直播视频+相关链接"的方式,在人物照片和文字介绍之外,读者可以点击感兴趣的人物头像进入到他/她的个人介绍主页。"两会"的重要场景也以动静组合的方式呈现出来,静的是文字和图片,动的包括动画虚拟视频、MV和微纪录片及交互图表等。

2018年第二十八届中国新闻奖第一次设立了"融合新闻奖",澎湃新闻的融合报道《天渠:遵义老村支书黄大发36年引水修渠记》获得当年该奖一等奖。这篇报道采用H5(HTML5.0)报道形式,有7个主题章节,采用大气

---

① 刘冰.融合新闻.北京:清华大学出版社,2017:19-20.

磅礴的海报封面和渐进式动画、图集、360°全景照片、交互式体验、音频、场景声效、视频等多种报道形式，全景展现了黄大发从20多岁到60岁的几十年光阴里，带领老一代修渠人脱贫、带动新一代致富的故事。在画面设计上，它巧妙地结合报道内容"水渠"，用水渠的流动自然地串联起7个章节，形成一个连贯的下拉式长幅连环画；在色调上采用黑白装饰画的风格，同时点缀金色，看起来简洁又不呆板；在音效上，有山水鸟鸣、放炮声等背景音乐、有黄大发本人的清唱，还有年轻后生的口述。这些报道的创新既充分利用了互联网平台的技术特征，又顺应了年轻人的接收心理，避免了以往典型报道的脸谱化和说教意味，发布第一天仅在澎湃平台总点击阅读量就突破了300万，网友们纷纷称赞其是"新时代的愚公移山"。

➡➡ 媒介融合

　　融合新闻与媒介融合密不可分，可以说，融合新闻是媒介融合的产物。这种做法在"中央厨房"表现得尤为突出。"中央厨房"的概念源自餐饮业集中采购、集约生产、统一配送的做法。新闻机构引入这种运作模式后，建立起全媒体信息处理平台，即融媒体中心。信息一次采集后可以进行内部的多平台生成和多渠道传播，这样就可以实现信息资源利用的最大化,不仅提高效率,还可以更好提升受众体验。人民日报、新华社都建立了自己的"中央厨房"。人民日报的"中央厨房"在空间上就像一艘乘风破浪的军舰,"军舰"上有17个工作室,包括侠客岛、学习小组、麻辣财经等,这些工作室有各自擅长的领域,还有设计、动画、前端开发、运营推广、线下活动的支持。

媒介融合除了像"中央厨房"这样的内部融合,还可以是一种外部的跨界合作,尤其是传统媒体与新媒体之间的合作。2011年,《东方早报》5名记者跟随从广东骑摩托车回家过年的农民工经历了5天4夜的1 350千米回家路,完成了"十万铁骑千里回家路"传统图文报道、新浪微博直播专题报道、视频报道和纪录片摄制四种不同形式的报道。传统媒体《东方早报》和《人民日报》进行刊载,微博和新浪网进行"微博直击农民工骑摩托千里回家路"专题直播,央视《看见》栏目播出专题。这是在新闻界最早采用多媒体方式进行的新闻报道,它不仅生成了纸质报道、专题直播、在网络播出的7分钟短片和电视台播出的长达30分钟的纪录片,最后还出版了一本书——《1 350 km回家路》。

同样是农民工回家过年的题材,2016年,澎湃新闻与腾讯视频合作以互联网直播的方式呈现出来。"千里骑

行,回家过年"中,9位记者跟随5位从广东回四川过年的年轻人一起经历1 900千米的返乡路,以视频和图文两种方式同时进行直播,同时在其中穿插高清录播画面、GPS实时定位画面、航拍片段,还有360°全景图片。

同一个新闻事件采集到的新闻素材被不同媒体按需裁衣,既相互独立又有一体化的内容设计和生产,这种生产也被称为全媒体报道。媒介融合构建出通用性的内容生产编辑平台后,融合新闻报道会变得更平常。当然这也对记者提出了更高的要求,记者需要身兼编辑、主持、制作人,成为全能型记者、全媒体记者。

新闻人的操守与新闻观

▶▶ 新闻人的操守

所谓操守,是指作为人应该具有的品德。各行各业都有自己在从事职业活动时必须遵循的道德规范,新闻人也不例外。

➡➡ 铁肩担道义,辣手著文章

明代中期著名谏臣杨继盛因弹劾奸臣严嵩而被捕入狱,临刑前他写下"铁肩担道义,辣手著文章"。中国共产党创始人之一李大钊特别欣赏这句话,还将后半句改为"妙手著文章"赠予友人共勉。他在1916年8月创办了《晨钟报》,主张报人像"晨钟"一样,担负唤起民族彻底自觉、建立理想的年轻中国的"道义"重任。《晨钟报》第六期就曾选用"铁肩担道义"作为报头题词,所以这句话不

仅寄托了李大钊作为革命者的革命精神，也寄托了他对新闻行业承担社会责任的热望。

李大钊为无产阶级新闻记者树立了光辉的榜样，铁肩担道义也成为对有担当的记者最好的褒奖。相较于西方新闻界提出的"无冕之王"的提法，铁肩妙手凸显的是记者推动社会进步的责任。

在中国救亡图存的年代里，还有很多职业记者坚守了新闻人的操守。我国新闻界有高规格的记者荣誉奖"长江奖"和编辑荣誉奖"韬奋奖"，这两个奖就是以两位新闻人范长江、邹韬奋的名字来命名的。范长江是第一位报道红军长征的国统区记者，他的通讯作品《中国的西北角》在时局艰难之时，真实、客观地报道了红军长征的历程与影响，深刻揭露了帝国主义的行径与国民党统治的黑暗。邹韬奋1922年从事报刊与新闻出版工作，不畏反动派的攻击与利诱，批评时弊，追求真理与光明，毛泽东评价他"热爱人民，真诚地为人民服务，鞠躬尽瘁，死而后已"。

以范长江、邹韬奋为代表的老一辈新闻工作者为人民服务、为伟大的理想工作的信念被无数记者传承下来。有了职业操守的坚持，新闻就有无穷的力量。《南方周末》1999年的新年献词至今还有很多人清晰记得,尤其是那一句祝福语:"让无力者有力,让悲观者前行。"无力者,通常是社会的弱势者,当遭遇变故或不公时,他们是最缺乏自救能力的群体,这时新闻记者的报道就是给予他们的力量之一。

2016年6月1日儿童节那天,新华社新媒体专线播放了7 000字长稿《受伤的花蕾 心碎的诉说——儿童性侵现状调查报告》。这篇报道截至第二天(6月2日)中午已经在各大新闻客户端和微博上有超过10万的评论和转发。这篇报道反映的只是冰山一角,但更多的沉默的受害者和知情者因此感受到力量,勇敢地站出来寻求帮助,向报社提供举报线索,由报社转交给公安部门,使得曾经逍遥法外的施暴者被绳之以法。报社还与长期关注儿童问题的公益组织、律师和心理咨询师达成合作意向,向这些遭遇不幸的儿童及其家庭提供法律和心理咨询等各种援助。在众多的选题中选择这个沉重的话题,记者在手记中解释道:"我们想让无力者有力,无声者有声。我们清楚地知道,这组报道所激起的网络反响和高度关注,无关采访写作技巧,而是这个社会的底线和良心。作为新闻媒体,我们要做的,就是要将社会的良心,化为实

实在在的力量。"①

有些事实看起来很不起眼,也因此常被人忽略,但却关系到百姓生活。2016年,一位名叫阿卜·如则托合提的维吾尔族青年在北京农行的柜台前没能取出钱来,因为他的名字里有个"·"。"在常见的输入法里,这个'点'有4种输入格式。但是,我们的银行、公安、民航、铁路等公共服务系统是从1993年开始信息化的,对这个'点',一直没有统一的输入规范。20多年了,这个看似很小的'疏忽',却给1 500多万少数民族同胞的生活带来了意想不到的困难。"②新华社三名记者得知后,以一篇特稿《一个"点"的烦恼》讲出了这个故事。这个稿件刊发后立刻刷屏,后续不仅带来支付宝官方的积极回应,更是推动了国家民委等12部委专门就这个"点"颁布法定标准《关于在政府管理和社会公共服务信息系统中统一姓名采集应用规范的通知》,规定对姓名中间的"点",严格按照国家标准,统一采用"·"表示,使"点"的问题得到了根本性解决,上千万少数民族同胞再也不会遭遇无法买票、无法网购、无法取款转账等的尴尬境地了。

①新华社.记者手记:我们想让无力者有力,无声者有声.(2016-06-02).新华网.
②新华每日电讯.10位记者,10个好故事.(2016-11-08).新华网.

在特殊时期,新闻媒体传递危机下的事实,既不夸大,也不掩盖,既找问题更找答案,在巨大的恐慌中稳定民众情绪、增强社会信心,这更是新闻力量的彰显。

新闻的力量还在于基于事实的情感传播。现在特别流行"有温度"一说,新闻报道也有温度。记者肩负责任,心怀国家,才能写出有温度的新闻,发挥新闻的力量,就像2014年中国记者节特别节目"好记者讲好故事"中,央广主持人共同朗诵的文章《新闻的力量》所说的:

"今天,暖暖的情愫,始终盈满我的心房,这一声声清亮的原音,一个个温润的故事,使我们一再地感受到新闻的力量。

这声音走进城市村庄,我们看到老百姓日新月异的生活,我们听到父老乡亲人心思稳的语重心长。

这声音传递在南国北疆,为高度自信的中华文化喝彩,为畅行全球的中国制造鼓掌。

这声音穿行于黄河长江,俊逸的高铁,威武的神舟,崛起的中华复兴的梦想,一次次引燃了全世界聚焦的目光。

这声音飞驰在四面八方,就像一束束破开云雾的星

光,渐渐汇聚成照亮心灵的中国力量。

记天下苍生之福祉者乃为记者,记烟火人间之百态者乃为记者;

记无私无畏之浩气者乃为记者,记家国为重之使命者乃为记者。

新闻工作者,这个名字,上要对得起党和国家的重托,下要无负于父老乡亲的厚望。

以国为家,以爱为文,以天地为心,与人民为亲,以真实的声音彰显新闻的力量。

新闻的力量,源自于为党分忧的担当;

新闻的力量,开始于与国同行的渴望;

新闻的力量,致力于民族复兴的梦想。

把自己煅铸成一只青铜号角,让时代的旋律,祖国的召唤,人民的梦想,在九百六十万平方公里的国土上,吹响,吹响,吹响!"

➡➡ **客观与立场矛盾吗?**

2016年2月19日,习近平在同新华社正在河南兰考县进行调查的记者视频连线中强调:"你们的调研也要接地气,希望你们继续很好地深入调研,提供真实的、全面的、客观的新闻,这也成为我们各级决策的一个依据。"在中央电视台同北美分台视频连线中,他说:"希望你们能够客观、真实、全面地介绍中国经济社会的发展情况,讲好中国故事。"[①]客观是新闻学中很重要的一个概念,它既是一种理念,也是一种规范要求,一种职业操守。

新闻作品有鲜明的立场,同时又保持客观性,两者之间并不矛盾。1997年香港回归举世瞩目,如何报道这个"让亿万中华儿女笑中含泪、彻夜狂欢的重大历史时刻"?新华社在一篇报道香港政权交接仪式的特写消息中很好地诠释了客观与立场的统一。这篇报道不仅获得了第八届中国新闻奖一等奖,还入选了高中语文教材。全文如下:

别了,"不列颠尼亚"

新华社记者 周婷、杨兴

在香港飘扬了一百五十多年的英国米字旗最后一次在这里降落后,接载查尔斯王子和离任港督彭定康回国

[①]中央广播电视总台.习近平在党的新闻舆论工作座谈会上强调 坚持正确方向创新方法手段 提高新闻舆论传播力引导力.(2016-02-19).新闻联播.

的英国皇家游轮"不列颠尼亚"号驶离维多利亚港湾——这是英国撤离香港的最后时刻。

英国的告别仪式是30日下午在港岛半山上的港督府拉开序幕的。在蒙蒙细雨中，末任港督告别了这个曾居住过二十五任港督的庭院。

4时30分，面色凝重的彭定康注视着港督旗帜在"日落余音"的号角声中降下旗杆。根据传统，每一位港督离任时，都举行降旗仪式。但这一次不同：永远都不会再有港督旗帜从这里升起了。4时40分，代表英国女王统治了香港五年的彭定康登上带有英国皇家标记的黑色劳斯莱斯，最后一次离开了港督府。

掩映在绿树丛中的港督府于1885年建成，在以后的一个多世纪中，包括彭定康在内的许多港督曾对其进行过大规模改建、扩建和装修。随着末代港督的离去，这座古典风格的白色建筑成为历史的陈迹。

晚6时15分，象征英国管治结束的告别仪式在距离驻港英军总部不远的添马舰军营东面举行。停泊在港湾中的皇家游轮"不列颠尼亚"号和临近大厦上悬挂的巨幅紫荆花图案，恰好构成这个"日落仪式"的背景。

此时，雨越下越大。查尔斯王子在雨中宣读英国女王赠言说："英国国旗就要降下，中国国旗将飘扬于香港上空。一百五十多年的英国管治即将告终。"

晚7时45分，广场上灯火渐暗，开始了当天港岛上的第二次降旗仪式。一百五十六年前，一个叫爱德华·贝尔彻的英国舰长带领士兵占领了港岛，在这里升起了英国国旗；今天，另一名英国海军士兵在"威尔士亲王"军营旁的这个地方降下了米字旗。

当然，最为世人瞩目的是子夜时分中英香港交接仪式上的易帜。在1997年6月30日的最后一分钟，米字旗在香港最后一次降下，英国对香港长达一个半世纪的统治宣告终结。

在新的一天来临的第一分钟，五星红旗伴着《义勇军进行曲》冉冉升起，中国从此恢复对香港行使主权。与此同时，五星红旗在添马舰营区升起，两分钟前，"威尔士亲王"军营移交给中国人民解放军，解放军开始接管香港防务。

0时40分，刚刚参加了交接仪式的查尔斯王子和第28任港督彭定康登上"不列颠尼亚"号的甲板。在英国军舰"漆咸"号及悬挂中国国旗和香港特别行政区区旗的香

港水警汽艇护卫下,将于1997年年底退役的"不列颠尼亚"号很快消失在南海的夜幕中。

从1841年1月26日英国远征军第一次将米字旗插上海岛,至1997年7月1日五星红旗在香港升起,一共过去了一百五十六年五个月零四天。大英帝国从海上来,又从海上去。

这篇900多字的消息从标题就带有明显的立场,它套用了1949年毛泽东一篇文章的题目《别了,司徒雷登》。从事实上来说,"不列颠尼亚"这艘船的确是要离开香港码头,所以道别合情合理,但其实道别的不仅仅是这艘船,还有随船离开的香港最后一任总督,而总督的离去,标志着香港真正摆脱了英国的殖民统治。所以"别了",既是基于事实,也有扬眉吐气之势,但又克制内敛。

消息主体部分"沿着'别了'的主题主线,全文实际上围绕着'楼''旗''船'这三个自然呈现出来的意象展开。……历经一个多世纪而从此成为历史遗迹的港督府,徐徐降下的米字旗和冉冉升起的五星红旗,即将退役并消失在南海夜幕中的'不列颠尼亚'号——富于镜头感的描写和叙述,在字里行间传递出意蕴无穷和耐人咀嚼的信息。"①这些描述既包含了英国殖民香港的历史事实，也记录了殖民终结的事实。消息最后一段"从1841年1月26日英国远征军第一次将米字旗插上海岛，至1997年7月1日五星红旗在香港升起，一共过去了一百五十六年五个月零四天。大英帝国从海上来，又从海上去"，寥寥数字，无一字不是事实，又仿佛每一个字都包含了中国人一刷百年国耻，迎来新世界的自豪与自信。

因此，鲜明的立场与真实客观是可以统一存在的，前提是记者在事实的基础上去表达立场，就像这篇消息一样，每一个事实都经得起验证。

▶▶ 定盘星：坚持马克思主义新闻观

新闻学作为一门科学，与政治的关系很密切。作为社会主义新闻人，除了遵循新闻规律，还要坚持马克思主义新闻观。马克思和恩格斯是马克思主义新闻观的开创者，他们一生中创办、编辑和参与编辑的报刊有13家，有着丰富的新闻工作经历。列宁一生主编了约40种党的报刊，留下了很多关于党报工作的论述。中国共产党的

---

①《别了，不列颠尼亚》采写组.历史的定格和新闻的生命力.中国记者，2019(10)：75-76.

新闻事业,在马克思主义新闻观的指导下发展壮大,同时也积累了丰富的中国特色的坚持马克思主义新闻观的经验,发展了马克思主义新闻观。党的十八大以来,习近平强调,新闻舆论工作要牢牢坚持马克思主义新闻观,将其作为党的新闻舆论工作的"定盘星"。今天的新闻事业更离不开这一思想的重要指导。

➡➡ 新闻舆论工作的职责和使命

2016年2月,习近平在人民大会堂主持召开了党的新闻舆论工作座谈会,发表了关于新闻、舆论的重要讲话,提出了党的新闻舆论工作的职责和使命。"习近平指出,在新的时代条件下,党的新闻舆论工作的职责和使命是:高举旗帜、引领导向,围绕中心、服务大局,团结人民、鼓舞士气,成风化人、凝心聚力,澄清谬误、明辨是非,联接中外、沟通世界。"[1]

这48个字对党的新闻舆论工作的职责和使命做出了集中、鲜明的概括,体现了时代和形势发展对新闻舆论工作的新要求,指明了新时代新闻舆论工作的努力方向。具体说来,可以概括为以下六个方面:

---

[1] 新华社.习近平:坚持正确方向创新方法手段 提高新闻舆论传播力引导力.(2016-02-19).中国政府网.

高举旗帜、引领导向,就是要坚持马克思主义指导地位,高举中国特色社会主义伟大旗帜,以正确的舆论引导人,做到"四个有利于",即所有工作都要有利于坚持中国共产党领导和我国社会主义制度,有利于推动改革发展,有利于增进全国各族人民团结,有利于维护社会和谐稳定。

围绕中心、服务大局,就是要认真贯彻党中央决策部署,紧紧围绕经济建设这个中心,自觉服从服务于党和国家工作大局,坚持在大局下思考、在大局下行动,把握好新闻舆论工作的导向、基调和重点任务,更好地为中心任务助力、为全局工作添彩。

团结人民、鼓舞士气,就是要坚持团结稳定鼓劲、正面宣传为主,坚持以人民为中心的工作导向,弘扬主旋律、传播正能量,激发全党全社会团结奋进、攻坚克难的精气神,调动各方面积极性、主动性、创造性。

成风化人、凝心聚力,就是要积极培育和践行社会主义核心价值观,扬社会之善、褒正气之举、鞭丑恶之行,教育人、感化人、影响人,推动形成良好党风政风民风家风,汇聚起向上向善、改革发展的强大力量。

澄清谬误、明辨是非,就是要旗帜鲜明、传播真理,析

事明理、激浊扬清,敢于直面问题,敢于触及矛盾,敢于交锋亮剑,用真理的力量说服人,用生动的事实教育人,更好地统一思想、扩大共识。

联接中外、沟通世界,就是要坚持国家站位、全球视野,讲好中国故事,传播好中国声音,阐释好中国特色,增强国际话语权,向世界展现真实、立体、全面的中国。

➡➡ **新闻工作的首要原则:坚持党性原则**

习近平认为:"新闻学作为一门科学,与政治的关系很密切。但不是说新闻可以等同于政治,不是说为了政治需要可以不要它的真实性,所以既要强调新闻工作的党性,又不可忽视新闻工作自身的规律性。"[1]这里他强调了新闻学的两个要点:坚持党性原则、尊重新闻规律。坚持党性原则是马克思主义新闻观的要点之一,它有三个层面:

第一个层面是要坚持正确政治方向,站稳政治立场。坚持党性原则,最根本的是坚持党对新闻舆论工作的领导,党和政府主办的媒体是党和政府的宣传阵地,必须姓党。党的新闻舆论媒体的所有工作,都要体

---

[1] 习近平.摆脱贫困.福州:福建人民出版社,1992:84.

现党的意志、反映党的主张,维护党中央权威。[1] 媒体和新闻人要坚定宣传党的理论和路线方针政策,坚定宣传中央重大工作部署,坚定宣传中央关于形势的重大分析判断,坚决同党中央保持高度一致,坚决维护中央权威。

第二个层面是必须从党的工作全局出发把握党的新闻舆论工作。在2013年8月的讲话中,习近平要求宣传工作"胸怀大局、把握大势、着眼大事,找准工作切入点和着力点,做到因势而谋、应势而动、顺势而为"。[2] 这是要求媒体和新闻人不能为了眼下和局部利益,而忽略全局大势,需要把握好舆论工作的时、度、效。

"时"即时机与节奏。尤其在面临重大突发事件时,新闻人需要做到:"在坚持真实准确的前提下,力争第一时间介入,第一时间发布,多花力气把'新菱笋''活鱼虾'奉献给读者,不能把权威发布落在社会舆论后面",做到"应急直报、及时通报、实时公报,为有效扭转事态发展营

---

[1] 习近平.论党宣传思想工作.北京:人民出版社,2020:181-182.
[2] 胸怀大局把握大势着眼大事 努力把宣传思想工作做得更好.人民日报,2013-08-21.

造良好舆论环境。"①2000年9月8日傍晚,乌鲁木齐发生特大爆炸事件,新华社抢在前面,于第二天凌晨5点做了报道,说明是意外事故而非人为,这个报道先声夺人,有效避免了可能引发的社会恐慌和国际社会的猜测,随后全世界关于此事的调子大体是我方的基调。这就是新闻报道对时效的正确把握。

"度,就是力度、分寸。……不能大轰大嗡,不能为了取悦受众而'失向'、因盲目介入而'失准'、为吸引眼球而'失真'、为刻意迎合而'失态'。……效,就是效果、实效。新闻舆论工作最终要看效果,这个效果就是群众口碑好、社会共识强。"②

第三个层面是要把党性原则具体化为舆论导向的各方面要求。习近平在2016年2月19日讲话中指出:"新闻舆论工作各个方面、各个环节都要坚持正确舆论导向。各级党报党刊、电台电视台要讲导向,都市类报刊、新媒体也要讲导向;新闻报道要讲导向,副刊、专题节目、广告宣传也要讲导向;时政新闻要讲导向,娱乐类、社会类新

---

① 人民论坛网评:做好党的新闻舆论工作要把握好"时度效".(2023-02-20).人民论坛网.
② 中共中央文献研究室.习近平总书记重要讲话文章选编.北京:中央文献出版社 党建读物出版社,2016:431-432.

闻也要讲导向,国内新闻报道要讲导向,国际新闻报道也要讲导向。"①

➡➡ 新闻工作的落脚点:以人民为中心

人民性是马克思主义的本质属性。党性和人民性的统一,是中国共产党在革命战争年代总结的党报理论之一。1945年,毛泽东在重庆谈判期间,《新华日报》于10月1日发表社论《人民的报纸》,明确论证了党报和人民报纸的关系:"新华日报既是共产党的机关报,怎么能够成为人民的报纸呢?……(因为)共产党所要求于全党党员的,不是别的,就是忠实地为人民服务,虚心地做人民的勤务员。"因此,人民性与党性是高度统一的,"从本质上说,坚持党性就是坚持人民性,坚持人民性就是坚持党性,党性寓于人民性之中,没有脱离人民性的党性,也没有脱离党性的人民性。"②

2013年,习近平正式提出"以人民为中心的工作导向"。这一工作导向要求党的新闻工作者回答"为了谁、依靠谁、我是谁"的问题。

---

①新华社.坚持正确方向创新方法手段 提高新闻舆论传播力引导力.人民日报,2016-02-19.
②坚持党性和人民性相统一.人民日报,2013-08-27.

坚持以人民为中心的工作导向,是因为全心全意为人民服务是党的宗旨,从根本上来说,我国的新闻事业属于人民,因此新闻宣传工作必须实现人民的愿望,满足人民的需要,维护人民的利益,反映人民的喜怒哀乐。

党的执政基础是人民群众,人民群众是党的力量源泉,新闻宣传工作也必须扎根于人民群众的沃土,从群众中来,到群众中去,充分发挥群众的积极性、主动性和创造性,与群众互动,这样才有新闻工作的源头活水。

党员是人民公仆,新闻记者在"我是谁"的定位上也同样是人民公仆,应该始终以民为本,适应公众获取信息渠道的变化,回应群众和社会的关切。

▶▶ 先做记者还是先做人?

先做记者还是先做人,这实际上是一个身份优先性选择的问题。记者同时还是社会的一分子、国家公民、家庭的成员等,这些不同的身份在记者的工作中并不会被抽离掉,相反,它们与记者这个身份共存于新闻活动中,并作用于这个活动的过程。记者身份与其他身份发生冲突时,身份两难的境地也就随之而生。

➡➡ 卧底记者可不是"陈永仁"

需要斗智斗勇、充满神秘与正义的卧底生活总是会勾起人们无限的想象。2002年中国香港电影《无间道》就讲述了卧底的故事。影片中的主角之一陈永仁，一生夙愿就是当一名好警察，但在警校却被选中成为黑社会卧底。

很多人觉得做卧底是一件很酷的事情，影视作品也常常误导年轻人以为做卧底不仅可以全身而退，而且干了违法的事情也不会被追究。所以当记者做卧底时，人们常常混淆了卧底警察与卧底记者之间的界限。但实际上做卧底要复杂得多，也有明确规定，比如《中华人民共和国刑事诉讼法》第一百五十三条："为了查明案情，在必要的时候，经公安机关负责人决定，可以由有关人员隐匿其身份实施侦查。但是，不得诱使他人犯罪，不得采用可能危害公共安全或者发生重大人身危险的方法。对涉及给付毒品等违禁品或者财物的犯罪活动，公安机关根据侦查犯罪的需要，可以依照规定实施控制下交付。"

根据这条规定，警察做卧底需要经县级以上公安机关负责人批准，同时在实施隐匿身份侦查过程中，为了得到犯罪分子的信任从而获取犯罪证据，卧底警察也被允

许与犯罪分子一起实施一些违法犯罪行为,但参与违法犯罪是有限度的,并不是可以为所欲为的。因此,即使警察或缉毒战士做卧底也是一件特别慎重的事情,只有在卧底成为刺探情报的唯一途径时才使用。

2014年,某报记者接到一条高考替考线索后,假扮大学生与高考枪手组织成员接头,成为枪手下线,参加2015年6月的南昌高考。记者顺利进入考场作答后,报社发出替考事件报道,与此同时,考场外接应的记者报警请求抓捕替考者。这是一次有着极强社会责任感的特殊采访活动。尽管出发点非常好,但《中华人民共和国刑法修正案(九)》二十五、在刑法第二百八十四条后增加一条,作为第二百八十四条之一:"在法律规定的国家考试中,组织作弊的,处三年以下有期徒刑或者拘役,并处或者单处罚金;情节严重的,处三年以上七年以下有期徒刑,并处罚金。""代替他人或者让他人代替自己参加第一款规定的考试的,处拘役或者管制,并处或者单处罚金。"这个修正案是在2015年11月1日开始实施,所以当年6月记者的替考行为还不算触犯刑法,但如果是之后,记者的这种卧底行为就可能涉嫌违法,虽然据当事卧底记者后来回应称,高考前报社已经跟警方提前报备。

记者只有采访权和报道权,我国法律没有赋予记者使用隐匿侦查的权利,更没有与犯罪分子实施违法犯罪行为的刑事豁免权。因此记者做卧底取证,即使像陈永仁一样怀有公心,也必须在合法的前提之下。《中国新闻工作者职业道德准则》第三条"坚持新闻真实性原则"中规定"通过合法途径和方式获取新闻素材";第六条"遵守法律纪律"中要求"增强法制观念,遵守宪法和法律法规,遵守党的新闻工作纪律",并规定"严格遵守新闻采访规范,除确有必要的特殊拍摄采访外,新闻采访要出示合法有效的新闻记者证。"

➡➡ 有时,放弃采访更可敬

2008年汶川地震时,一位记者去伤亡惨重的映秀小学采访。垮塌的教学楼前的小操场上,十几名遇难孩子的遗体被临时放在被石棉瓦围住的竹席上。他注意到遇难孩子的亲人中有一位妈妈,"她就那样跪在孩子面前,眼睛死死地盯着孩子,撕心裂肺却没有发出一丁点声音,几个小时里,她甚至一次都没有站起身来。"[1]他几次想去采访她,但"始终迈不出向前的一步",最后他只是远远拍下了一张照片,离开了。第二年,这位记者带着那张照片

---

[1] 范文生.十年,一次注定只能放弃的采访.(2018-05-11).搜狐网.

再次入川回访映秀,他没有寻找这位妈妈,因为他看到"'重生'中的映秀尽管生机勃勃,但人们脸上的哀伤并未完全消散。"2018年,这位记者第三次来到映秀,当地人的生活已经恢复平静安详。他通过镇上人得知这位妈妈后来生了一个女儿,有时还在广场跳舞。这让记者倍感欣慰,也选择了再次放弃采访。

这位记者写了一篇后记《十年,一次注定只能放弃的采访》。在后记中他写道,"我是记者,采访新闻是我的天职。"他也曾下决心一定要完成放弃的采访,但他最终还是选择放弃,他说:"十年前,我没有权利去打扰她的悲伤;十年后,我依然没有权利去打扰她的幸福。"[1]是呀,有什么新闻值得以揭开一位遭遇丧子之痛的母亲的伤疤为代价呢?当他面对正在遭遇丧子之痛的妈妈"没有力量去采访"的时候,当他感受到经历灾难一年后的映秀人还依然没有走出伤痛而不去侵扰的时候,当他十年后看到曾经悲伤欲绝的妈妈努力迎接新生活而不忍揭开她心底伤痛的时候,这位记者的确失去了采访的"力量",却因此彰显了人性的光辉。

新闻本就是人的新闻,就像《北京青年报》在评述放

---

[1] 范文生.十年,一次注定只能放弃的采访.(2018-05-11).搜狐网.

弃采访机会、给落水儿童做人工呼吸的记者事迹时说的，"新闻是给人看的，在面对突发事件时，应该遵循的原则永远是以人为本，而不是以新闻为本。违反人伦底线的以新闻为本，导致的将会是一种冷漠的新闻，是一种毫无人性也毫无人情味的新闻，在这样的新闻观中，将死之人仅仅只是新闻中一个很好的'道具'而已。记者在其职业操守和社会的公共道德发生冲突时，无疑应该遵循和服从后者，否则，就是以对人性道德的践踏来换取所谓的新闻价值，这样的新闻传达出的将是一种丑恶的价值观，还有价值可言吗？"[1]

---

[1] 央视国际.河南女记者救助落水女孩 网上受赞誉.(2006-07-20).央视网(来源：大河网).

新闻素养：参透新闻的本事

▶▶ 谁来生产新闻？

如果回头看第一章开篇给出的若干新闻的定义，我们可以发现，行动的主体是缺失的，或者被省略了。这种省略背后的逻辑是报道者的身份无须赘言：生产新闻的机构是新闻媒体，写新闻的人是记者。在这些定义生成的大多数时代的确如此，但是媒介技术的变迁尤其是互联网技术的产生与发展，让新闻生产的主体开始多样化，很多时候我们会发现，普通人即使不进入媒体机构也可以发布信息。那到底谁来生产新闻呢？

➡➡ 生产新闻的人

1989年，新闻出版署发放首批全国通行的记者证（此前是由记者所属新闻机构签发）。截至目前，全国共有22万多名记者拥有有效的记者证。记者证是记者身份的唯一合法认定证件。对于记者来说，拥有记者证既是一份荣耀，也是一份责任。

与传统机构媒体相对应的是我们熟悉的自媒体。自媒体可以理解为"人人都是媒体人"，但发布新闻信息不能随心所欲，需要先获得许可。根据国务院《互联网信息服务管理办法》与国家互联网信息办公室《互联网新闻信息服务管理规定》，通过互联网站、公共账号等渠道向公众提供互联网新闻信息服务，需要完成资质申报，取得互联网新闻信息服务的许可。如果没获得许可，自媒体不能随便采编发布、评论解读政治、经济、军事、外交等社会公共事务及社会突发事件等相关内容，否则就违反了相关法律法规和平台运营规范。

优质的自媒体都是专业团队运作，深谙社交平台裂变式传播特质，其中不少自媒体人有记者背景，具有很强的信息整合能力，有对内容客观专业的追求，所以文章具有很高的可信度。每年都会有一些与民生密切相关的大事件是自媒体率先报道后，引起舆论浪潮，进而推动机构媒体的介入和后续跟进。所以活跃在微信公众号、微博、QQ等平台上的自媒体不仅拓宽了信息传播方式，在一定

程度上的确改变了传统的媒介生态，尤其是在舆论监督领域。

过去，传统媒体与自媒体没有交集，但现在，二者早已"手牵手"。这种合作模式通常是主流媒体的社交媒体平台与优质的自媒体达成合作协议，对自媒体账号内容素材与信息进行二次剪辑，通过主流媒体渠道发布出来。这种合作模式在信息传播中相得益彰，既拓展了优质资源，又促进了不同媒体之间的协同发展。

对于那些蹭社会热点进行恶意营销、传播虚假信息、打造低俗人设、设置虚假身份吸引流量的自媒体账号，2023 年 7 月中央网信办秘书局发布《关于加强"自媒体"管理的通知》，在平台审核、资质认证、信息真实等方面提出了要求。这些规定有效整顿了自媒体行业，避免了"劣币驱除良币"的势态。但要彻底治理自媒体空间不是一朝一夕的事情。尽管今天被称作自媒体时代，传统机构媒体依然是新闻生产和舆论引导的主力军，在权威度与公信力上占据绝对优势，我们对新闻的需求依然高度依赖专业的新闻机构。

➡️➡️ **把关人**

新闻生产看起来好像是事实的自然收集与呈现，其实背后都有把关人（Gatekeeper）在作用。把关人这个概念最早由美国社会心理学家库尔特·莱文在《群体生活中的渠道》(1947年)中提出。在群体传播中存在一些把关人，他们根据群体规范或价值标准来筛选信息，符合规范的信息才能进入传播渠道。

从技术角度看，"全世界所有的记者，就算全天24小时马不停蹄地工作，也不可能见证世界上每一个事件的发生"①。除了客观条件，出于媒体定位、意识形态、社会舆论导向、民主及商业价值等方面的主观考虑，媒体也不可能做到有闻必录，需要有人做信息筛选。那些负责筛选工作的人就是把关人。

在传统的新闻机构里，记者和编辑处在信息收集和发布的关口。记者是第一道把关人，在搜集、整理、筛选、加工信息的过程中他们就像淘金人一样，决定哪些信息是金子，哪些是沙子。编辑（包括责编、主编、总编）是第二道把关人，决定稿子的刊发或淘汰、版面及篇幅等。不同的把关动机会产生不同的筛选标准，但最基本的是共通的，即新闻价值和社会价值。新闻价值和社会价值大

---

①沃尔特·李普曼.舆论.常江，肖寒，译.北京：北京大学出版社，2018：214.

的事件更有可能被报道。

今天,传统媒介的信息垄断地位开始动摇,越来越多的接收者同时具有了新闻生产者的身份,这意味着把关人权力从原来独属于编辑和记者逐渐下放到具有双重身份的公众身上。这意味着获得更多赋权的公众也需要承担相应的把关人责任,需要对自己通过微博、微信、网站发布的信息进行自我把关,承担把关人社会职责。这是社交媒体时代拥有话语权的一代人应有的担当。

今天的新闻信息流通就像是一个市场,不同的主体发出不同的声音,丰富而嘈杂。完全依赖信息提供者的自我把关显然远远不够,市场需要管理员,新闻信息流通领域也需要把关人。2019年1月29日,某微信公众号发表非虚构写作文章《一个出身寒门的状元之死》,该文标榜写实,实质上却是利用"出身""状元""英年早逝"等关键词杜撰出来的一篇时间错乱、违背常识的文章,它操纵情绪、放大冲突,通过制造焦虑引发共鸣,收割利益。迫于巨大的舆论压力,该公众号关停,并在道歉信中承认作为一个有影响力的自媒体,应该承担起相应的社会责任,传递更正能量的价值观。的确,自媒体也需要心怀责任与公心,就像人民日报官微点评该公号时说的:无节操刷流量只会消耗注意力资源,稀释社会信心。百花齐放不等于信口开河,拿了麦克风不等于可以肆意妄为。①

新闻接收者也是把关人,不过是自我把关人。这种自我把关与互联网时代的海量信息相关。新闻信息逐渐从稀缺变得冗余,远远超出了人们接收信息的限阈,而且内容良莠不齐。接收者需要根据自己的兴趣和实际需要判断哪些信息是自己应该接收的,需要对信息做出判断和选择,甄别信息的真假。这个判断和选择的过程同时也赋予了接收者更多的信息掌控权利,使得接收者成为自己的编辑、把关人,成为一个个新闻聚合器。

➡➡ 机器人记者和虚拟主播

新闻写作机器人基于人工智能和大数据技术,自动收集信息并借助算法对信息进行自动化分析处理,加工并生成完整的新闻报道。自2006年美国汤姆森金融公司开始使用机器人撰写新闻以来,出现越来越多的机器人记者。在我国,新华社、腾讯、今日头条等也开始使用机器人写作。

---

①摘自人民日报官微2019年1月30日点评。

很多人看好机器人,认为新闻机器人不仅可以精准高效地写作,还可以24小时无休,这是真人记者无法比拟的。因此,对于媒体机构来说,拥有一个机器人"写手",几乎就拥有了一个写作的永动机。

不仅写作机器人,同样可以24小时无休的虚拟主播也进入传媒行业。越来越多的媒体开始推出自己的虚拟主播,比如任小融(人民日报)、小C(央视网)、小菲(澎湃)、时间小妮(北京广播电视台)、小晴(人民网)、小贝(新京报贝壳财经)等。不少虚拟主播还成为2023年两会报道的主角。相较于初代虚拟主播,新生代虚拟主播不仅具有真人的口唇动作和表情,还有深度学习和交互能力,能带来更好的使用体验。相比真人主播,虚拟主播不仅可以全天24小时播报新闻,而且为媒体省去了相当多的基础性重复工作。

这使得另一个话题随之而生:它们是否会在某一天取代记者和主播?

人工智能可以替代许多需要人来操作的重复劳动,尤其是在知识层面,以单纯的博闻强识为特点的工作,可以使用机器人来完成。但即使在机器人擅长的报道领域,机器人写作也并非完美,它们在处理数据时也会出错。虚拟主播对技术的要求更高,在目前的技术条件下它们的功能还很有限,远达不到独立工作的程度,所以它们还只是一种服务于媒体的工具。机器人不可能代替人类把握方向盘,无法复制人性,即使它能够深度模仿人类的思维。

机器人的发展和应用需要匹配信息文明的社会环境。机器人获得的必须是多元信息,信息再多,若同质化也是毫无意义的;机器人若在虚假信息的基础上操作,就不可能提供正确的答案;机器人需要的信息是海量而全面的,封闭的单一信息环境会阻碍人工智能的整体发展。

不过从长远趋势来说,随着深度训练和技术的发展,无论是机器人记者还是虚拟主播,它们还有"成长"的空间。目前它们无法胜任的需要多人深度交流才能完成的任务,也许在不久的将来便不再是它们的短板。

从媒体行业的未来前景角度看,思考如何人机共存也许是一个现实的问题,应让媒体人与机器人在各自更擅长的领域发挥才能,共同提升媒体服务大众的水平。2021年国家广播电视总局发布《广播电视和网络视听"十

四五"科技发展规划》,指出要推动虚拟主播、动画手语广泛应用于新闻播报、天气预报、综艺科教等节目生产,创新节目形态,提高制播效率和智能化水平。相信随着AI技术的不断成熟和政策的引导,未来的媒体行业会更加充满活力。

▶▶ 不被垃圾信息遮蔽

在信息冗余的社交媒体时代,为了不被各种纷至沓来的信息冲昏头脑,迷失在信息海洋里,我们尤其需要辨别真相的能力。这种认知的能力被称为新闻素养,即自觉的新闻消费与新闻评价。

比尔·科瓦奇和汤姆·罗森斯蒂尔在《真相:信息超载时代如何知道该相信什么》这本书中,把扫除信息雾霾的怀疑的认知过程总结为以下六步质疑法,我们可以借助这六步去辨析信息垃圾:

1. 我碰到的是什么内容?

2. 信息完整吗?假如不完整,缺少了什么?

3. 信源是谁/什么?我为什么要相信他们?

4. 提供给了什么证据?是怎样检验或核实的?

5.其他可能性解释或理解是什么?

6.我有必要知道这些信息吗?①

➡➡ 如何甄别虚假新闻?

新闻需要有6W要素(因为这6个要素的英文字母里都有W,所以简称6W):时间(When)、地点(Where)、人物(Who)、事实(What)、过程(How)以及原因(Why)。记者写稿时需要通过确认这6个要素来确保新闻是否准确全面,即信息是否完整。这是对通讯类新闻的全面要求。一般消息类新闻至少交代3个W,即时间、地点、事实。反过来,我们作为受众,也可以通过6W要素或至少3W要素,来判断新闻的真假。

比如这则新闻:

农民钓鱼发现一个陶罐,以为是骨灰盒,结果却让人意想不到

农村大叔准备去钓鱼,在农村钓鱼都是用蚯蚓钓的,蚯蚓也都是在农民的地里自己挖的,大叔在挖蚯蚓的时候却发现一个陶罐,起初以为是骨灰盒,还吓了一大跳,结果挖出来越看越不像,陶罐浑身布满裂痕,很像是裂纹

---

①比尔·科瓦奇,汤姆·罗森斯蒂尔.真相:信息超载时代如何知道该相信什么.陆佳怡,孙志刚,刘海龙,译.北京:中国人民大学出版社,2014:34.

釉,大叔决定不钓鱼了,拿着这个陶罐去城里给鉴定下……(某网站头条 2017-01-14)

这个新闻的标题看起来很吸引人,要告知一个"意想不到"的事实。但它的信息不完整,既没有时间,也没有地点,人物是一位没有告知姓名、年龄、职业的"大叔",更没有交代信源。看到最后,仍然不知道"意想不到"的事实是什么。这是一个无事实、无地点、无时间、无实在人物的无厘头新闻。

类似的新闻,各网站上有很多,也很容易被甄别出来。有一类"高级"一点的假新闻,它们 6W 俱全,甚至附有照片,但全部都是编造的,因为人们相信"有图有真相",容易唬人。比如有的新闻伪装成一则权威报道,有具体时间(还标注了时差)、具体人名(有时还是著名人士),还有具体发生的地点,有信源(视频采访的记者),还有当事人坐在办公桌前发言的照片。

这样的情况下,如何去甄别它们呢?首先,思考一下"我碰到的是什么内容":这样的新闻一般看上去是有利我们的。它与那些《厉害了!天才少年 6 岁会编程,14 岁就读麻省理工》等一样是不是会让你感到似曾相识?它们的共同特点是利用我们的心理接近和爱国热情,让我们看了觉得特别扬眉吐气。但再扬眉吐气,如果内容是编造的,也毫无意义,遇到这样"扬眉吐气"的新闻,我们要格外警惕。

其次,想一下这个新闻"提供了什么证据,怎样检验或核实的"。有些新闻的信源涉及外国主流媒体,当我们在外国媒体的报道中找不到任何相关内容时,就可以判断这是假新闻。因为一个影响巨大的发言不可能在任何其他平台都完全销声匿迹。

➡➡ 黄色新闻与新黄色新闻

黄色新闻是一种大量运用浅层次感官刺激的煽情手法,集中渲染、夸大报道耸人听闻的政治、暴力、犯罪、天灾人祸、色情等新闻事件,旨在赚取高额利润的新闻样式。[①]

19世纪末,美国报业老板约瑟夫·普利策(普利策新闻奖的创始人)和威廉·赫斯特采用煽情报道来争夺市场,因为他们曾争夺连载漫画《霍根小巷》(Hogan's Alley)(该漫画的主角是一个没有牙齿、只有几根头发、穿着黄色睡衣的小男孩),最后导致两家报纸同时出现"黄孩

[①] 李磊.外国新闻史教程.北京:中国广播电视出版社,2001:262.

子"漫画和其他以黄孩子为主要形象的报纸版面,当时的另一家纽约报纸编辑就用"黄孩子新闻"(Yellow-Kid Journalism)概括这两家报纸的煽情报道。后来简称为黄色新闻(Yellow Journalism)[1],并沿用至今。所以黄色新闻包含色情,但主要不是色情,而是各种极端煽情,是报纸不择手段恶性竞争的代名词。

社交媒体时代泛滥的标题党是黄色新闻新的表现形式。一些平淡无奇的事情毫无新闻价值,一两句就能说清楚,却用故弄玄虚的标题做足悬念,还有些内容完全不知所云,配以加大加粗的字体和撞色处理,吸引人点击阅读,比如"发现玄机""看后崩溃""全民炸锅""马上就删""吓傻""当场愣住了"等。因为它们延续了传统黄色新闻的耸人听闻与猎奇,被称为"新黄色新闻"。

遇到这样的新闻,我们要思考两个问题:"我遇到的是什么内容""我是否有必要知道这些内容"。这类新闻除了浪费我们的阅读时间,还可能在无形当中侵蚀我们的价值观和阅读品位。如果大家都去点击打

---

[1] Maggie Ryan Sandford: How the yellow kid fueled the Pulitzer. (2013-02-04). Hearst Rivalry.

开,实际上也是助长了这样内容的泛滥。作为公众的一员,守护风清气正的网络空间也有我们的一份责任,我们不仅要有分辨垃圾信息的素养,还要有抵制虚假信息和低俗信息的意识。

第二部分

什么是传播学？

从面对面到隔屏相望

人与人相遇就得有交流,从有人开始,就有人际传播。从这个角度来说,人际传播是人类最古老的、基本的传播方式之一。

互联网是当代以人际交流为基础形成的巨大无比的虚拟交流空间,自互联网技术出现,人际传播的面貌被极大改变,但也有一些人际传播的基本原则保持不变。

▶▶ 意义与情感:我们离不开人际传播

➡➡ 社会交换与自我表露

人为什么需要沟通交流?从社会交换理论角度,"人际传播是处于一个关系之中的甲乙双方借以相互提供资

源或协商交换资源的符号传递过程。"①按照这个交换逻辑,人们之间的相互传播是为了获得自己想要的利益或资源,比如信息、地位、金钱、感情、荣誉等。正是对资源的供求产生了人与人之间的相互吸引。当这种资源交换顺利时,双方就会彼此信任,于是关系就继续下去。

有人会觉得这种功利的观点抹杀了人际交流的美好,但人们总是倾向于发展令其利润最大化的关系,只有当从关系中获得的收益大于成本的时候,人们才有行动的动力,所以社会交换理论是基于经济盈亏模型的科学理论。当然,从伦理角度来说,出于社会交换的动机来进行人际交流应该是在双方平等自愿的前提之下的。

无论是为了交换物质性的东西,还是为了获取情感上的支持,个体都需要在这个过程中有自我表露。"自我表露是展示别人不可能发现的、有关自我的个人信息。当我们与别人分享我们的愿望、担忧、感觉、想法和体验等有关自我的信息时,就是在自我表露。"②

学者约瑟夫·勒夫特和哈里·英格姆曾创建了一个

---

①迈克尔·罗洛夫.人际传播社会交换论.王江龙,译.上海:上海译文出版社,1997:25.
②茱莉亚·伍德.生活中的传播.董璐,译.4版.北京:北京大学出版社,2009:212.

以他俩名字命名的模型"约哈里之窗"。这个模型将人与人之间的信息分为四种类型,分别是公共区信息、盲区信息、隐藏区信息和未知区信息。这四类信息都是以自我为中心的。公共区信息是彼此认识的人大多知道的关于自己的信息,比如姓名、性别、年龄、专业、运动喜好等。盲区信息是关于自己的信息中,别人知道而自己却不知道的那部分,比如自己没有意识到的缺点或优点。隐藏区信息是我们知道但不会告诉其他人的"秘密"信息,比如失败经历或丢脸的事情。我们的个人隐私也大多是在这个区域里。未知区信息是自己和别人都不知道的信息,比如自己特殊的身体状况、潜力等。

按照哈约里之窗,自我表露是将原本在隐藏区的信息转为公共区信息。当面对我们想与之亲密的对象时,我们更愿意进行自我表露,以表达自己对对方的信任并换取对方对自己的信任。但不是所有的自我表露都能有预期的回报,它与双方对彼此关系的认知和期待程度有很大关系。我们常说的"交浅言深"带来的尴尬与反感就是一种适得其反的结果。

自我表露也是记者采访时打消对方顾虑或者拉近距离的常用策略。世界著名记者法拉奇在采访时也用了这一招,当对方说自己 76 岁是个衰退的年龄时,法拉奇告

诉他说自己的父亲也是76岁。

➡➡ 自我概念与镜中我

自我概念是对自我的认知。"自我概念至少来源于四个方面：(1)他人形成的并展示出来的有关你的形象（他人印象）；(2)你对自己与他人的比较（社会比较）；(3)文化习得；(4)你解读和评价自己的思想和行为的方式（自我评价）。"[1]

其中，他人印象是我们看待自己的一面镜子。1922年，美国社会学家查尔斯·库利据此提出"镜中我"概念。在许多情况下，与他人的联系依赖较为确定的想象形式，即想象自我是如何出现在他人意识中的。这种自我感觉决定于对想象的他人的意识的态度。"社会是各个精神自我的交织物，我想象你的思想，特别是你对我的思想的想象，和你所想象的我对你的思想的想象。我在你的思想面前表现我的想法，期望你会在我的思想面前表现你的想法，谁若不能或不愿做到这一点，那他就不懂得如何交往。"[2]因为我们每个人都生活在社会当中，会彼此相互

---

[1] 约瑟夫·德维托.人际传播教程.余瑞祥,等译.12版.北京:中国人民大学出版社,2011:62.
[2] 科塞.社会思想名家.石人,译.上海:上海人民出版社,2007:269.

影响,因此每个人都是另一个人的一面镜子。

当然,我们从镜子里看到的未必就是真实的别人眼中的自己,但只要我们对它笃信不疑,这种形象的自我想象在我们看来就是真实的自己的"样子"。《红楼梦》中生性敏感的林黛玉初进贾府时就在不断观察他人的言行,以此来总结自己行为的规则,"步步留心,时时在意,不肯轻易多说一句话,多行一步路,唯恐被人耻笑了去。"贾母问她可曾读书,她回答说刚念完四书。但是问妹妹们念过什么书,贾母回答说:"她们念过什么书啊!不过是认识几个字,不当睁眼瞎罢了!"之后,再被宝玉问读过书没有,她就不再据实回答说自己念完四书了,而是改口说:"读过一些书,些许认识几个字!"其中虽然没有镜中"我",但这种对他人行为的社会评价的体察同样包含了人际交往中社会互动的影响。

我们作为社会人必然需要借助镜中我来进行自我认知,但像林黛玉这样在社会交往中深受他人认识的影响,过于在意别人对自己的评价,往往会使自己陷入被动。我们都有在微信朋友圈或其他社交平台上分享自己生活状态的经历,也可能会在意朋友圈里的点赞和评论,有的人甚至用它作为甄别真假朋友的标准,但如果将它作为认同感和安全感的唯一来源,也同样会迷失自己。超个

人交流理论认为,虚拟互动中的信息发送者会运用更多的印象管理手段进行最佳的自我呈现,而信息接收者也倾向于把交流对象理想化。这样的结果是,"在虚拟现实语境下,个体间的互动频率越高,所得到的关于自我的虚假信息反而越多,个体对自我的认知更加模糊。"[1]

➡➡ 人际关系网:六度分离

20世纪60年代美国社会心理学家斯坦利·米尔格兰姆做了一个实验,让居住在波士顿和奥马哈的100多个人尝试通过自己的朋友将一封信转交给波士顿的一个陌生人。这位朋友收到信之后,再继续用同样的规则将信送出去,最后送达这个陌生人的手里。结果显示,只需要经过5个朋友的手,信件就可以成功送到陌生人手里。于是他提出一个有趣的六度分离理论:不仅在大城市,就是在世界范围内,你和任何一个陌生人之间间隔的人不会超过5个,即最多通过5个人你就能认识任何一个陌生人。

米尔格兰姆提出这个理论是在1967年,那时人们的交流除了面对面,剩下就是打电话、写信和发电报,他对

---

[1] 柯泽,宋小康.从"镜中我"到"雾中我":虚拟现实中社会互动的畸变与理论危机.新闻与写作,2021(8):80-81.

人际关系网的理解颠覆了人们对人际联系的想象。所以当这个理论被提出后,论证它的实验层出不穷。其中比较有名的是哥伦比亚大学社会学家杜坎·沃斯在2003年做的一个全球实验。他要求实验者通过不断转发电子邮件的方式,联系上13个国家的18个人中的一个。结果发现,大多数实验都失败了,但在那些成功的实验中,只需要转发四次邮件就可以完成联系任务。

现在大家熟悉的社交网络其实就是受到这个理论的启发。扎克伯格2015年在清华大学演讲时,回忆说2004年创办Facebook时,发现互联网上有很多关于新闻、音乐、书、电影以及购物的网站,但没有帮人们找到生活中最重要的东西:人。人与人之间的分享和联系可以让生活变得更好,因此把人联系在一起就成为一个重要使命。

社交网络提供了扩大人际交流圈的无限可能,人际传播的速度和范围因此发生了前所未有的变化。Facebook、QQ等社交媒体平台会给你推荐好友的好友,只要你点击添加,你的人际交流圈就会迅速扩大。Facebook也做了一个米尔格兰姆式的实验,发现只需要通过3.3个人就可以认识一个指定的陌生人。

其实无论是5个人还是3.3人距离的研究,本质上

都是在发现连接人与人、人与世界的可能。社交网络平台扩大了交际圈,人际传播似乎没有任何藩篱,你想跟谁说话似乎都能说上,但另一方面,交流的本质并没有改变,并不会因为多了平台而变得更顺畅,所以学会交流变得更加重要。

▶▶ 身体、文字与表情包

人际交往需要场景,过去是在酒吧、茶馆、餐厅、教室、大街这些物理空间里,但现在的人际交往越来越多地发生在虚拟场景中。

➡➡ 无声的语言:古老的身体传播

语言本身是交流的产物。恩格斯说:"劳动的发展必然促使社会成员更紧密地互相结合起来,因为劳动的发展使互相支持和共同协作的场合增多了,并且使每个人都清楚地意识到这种共同协作的好处。这些正在生成中的人,已经达到彼此间不得不说些什么的地步了。需要也就造成了自己的器官:猿类的不发达的喉头,由于音调抑扬顿挫的不断加多,缓慢地然而肯定无疑地得到改造,而口部的器官也逐渐学会发出一个接一个清晰的音节。语言是从劳动中并和劳动一起产生出来的,这个解释是唯一正确的。"①显然，这里以身体为媒介的人际传播的历史比语言还要悠久。周厉王在位时昏庸无道，还派人监视国都百姓言论，"道路以目"就是一种身体的简单交流。

身体语言是非常重要的交流方式。20世纪70年代，加州大学心理学教授阿尔伯特·麦拉宾（Albert Mehrabian）提出7-38-55%定律，即一条信息产生的影响力中，有55%是来自无声的肢体语言，38%来自声音，而真正来自语言的只有7%。②

面对面的交流对身体管理的要求更高，很多细微的面部表情、肢体动作都会在不经意间暴露一个人内心的真实想法。表情和肢体动作作为有意识的身体语言，带来的心理冲击往往比直接的言语更大，甚至很多时候"此时无声胜有声"。电视剧《潜伏》结局有一段讲述地下党员余则成在机场与以为牺牲了的妻子翠平的偶遇。在国民党大撤退的机场，两人几乎同时发现对方，翠平激动地要打开车门奔向余则成，但余则成环顾四周，非常轻地摇摇头，翠平立刻明白在这个敌人密布的机场，不能与余则

---

① 马克思,恩格斯.马克思恩格斯全集：第26卷.中共中央马克思恩格斯列宁斯大林著作编译局，编译.2版.北京：人民出版社,2014:762.
② Albert Mehrabian. Introduction of Albert Mehrabian .[2023-9-21]. British Library.

成相认,于是她打开的车门又轻轻合上。周遭一片撤退的混乱,两人始终看着对方,没有一句话。这时翠平乘坐的汽车启动缓缓离开,余则成突然拦到车前,像一只老母鸡一样张开翅膀,在车前盘旋。翠平一开始是愣住了,但她很快就明白了余则成想说的话。车绕开余则成开走,翠平趴到后窗边,一直看到再也看不见那个盘旋的身影。回到她和余则成潜伏时的故居,她在鸡窝下摸到一大包金条和情报。这正是余则成在机场想要告诉她的。两个人最后的生死离别没有一句话,却仿佛千言万语都在四目相望之中。

➡➡"有事微信说":面对面怎么这么难?

身体交流是需要面对面的,过去因为无法见面,朋友间写信常以"见字如面"开头,以此宽慰无法当面交流的遗憾,但现在,在任何一个公共场所,拿着手机埋头聊天的人比比皆是。很多人即使在一个办公室都宁愿"有事微信说",也不愿意面对面交流。

面对面交流是没法演习的,无论是精心准备还是措手不及,都只能"一遍过"。微信聊天大大降低了出错的风险,一段话写得不合适可以删掉重来,即使一不小心点击发送了,两分钟之内还可以撤回。所以在"对方正在输入中",你可以无限期地重来,直到你找到最合适的那句话。对于社恐的人来说,能够打电话的,就绝不见面,能够微信说的,就绝不打电话。微信就像是一个壳,提供了一个逃避身体管理和话语管理压力的场所。

诗歌《从前慢》感叹"车,马,邮件都慢,一生只够爱一个人",但这样的日色已经一去不复返。现代社会的生活节奏越来越快,看起来社交媒体平台将更多人联系在一起,通讯录里的名单飞速增长,朋友圈里总有人点赞,但人们越来越没有耐心和心境慢慢相处,人与人之间的距离反而被拉远了。

社交网络营造了一个看起来畅所欲言的世界,"人们往往在网络空间中所说、所做的事情是他们在现实世界中不常说或不常做的事情。在网络空间,他们不受约束,信口开河,公开地表达自我。"[1]但并不意味着我们获得了更多的传播能力。所谓传播能力,是一个人以有效而得体相宜的方式进行传播的能力[2],这种能力中包含了不借助外力观察对方的表情和动作,体察对方的情绪和态度变化,并迅速调整自己的言行。我们没有办法总是躲在

---

[1] 约翰·苏勒尔.赛博人:数字时代我们如何思考、行动和社交.刘淑华,张海会,译.北京:中信出版集团,2018:122.
[2] 陈力丹,陈俊妮.传播学纲要.北京:中国人民大学出版社,2014:97.

社交平台的庇护之下,回避眼神和肢体的接触。很多人在朋友圈里用九宫格展示一个丰富多彩的世界,在群里妙语连珠,奔放阳光,可是回到现实生活,失去了社交平台屏障的庇护,立刻被打回胆小、不善言辞的"原形"。无论交流技术如何发达,面对面的传播依然是最基本的,如果失去了面对面交流的能力,就很容易错过人际沟通中最精彩的部分。

面对面这种古老的方式需要全身心投入,充分调动自己的感官和神经,用眼睛去观察对方的细微变化,用耳朵去听抑扬顿挫,判断对方的心情,从而做出细微的调整。这种全身心投入需要在交流的双方身上同时发生,这是人际交流最自然也最珍贵的部分。

➡➡ 你有多少表情包?

从最早的字符表情到后来的 Emoji(绘文字),再到今天五花八门的表情包,人们为了少说话费尽心思。

最早的字符表情出现在 20 世纪 80 年代。当时卡耐基梅隆大学教授斯科特·法尔曼在电子布告栏上留下了":-)"符号。如果把它顺时针旋转 90°,就可以得到一个标准的微笑脸。若干年前,这个符号在 QQ 等平台上被广泛使用,但现在的年轻人已经不那么感兴趣了。

Emoji 则起源于日本。它不再是字符表情那样线条的抽象符号,而是以卡通黄脸表达丰富的情绪,后来成为手机里自带的表情标签。现在这套标签依然是使用频率最高的一组表情。

表情包现在几乎成了微信敲字的标配,好像没有什么情绪或意见是表情包覆盖不了的。甚至词不达意的时候,表情包就是一种救急。它在很大程度上弥补了非在场交流产生的生硬感和距离感,好像交流的润滑剂,拉近了双方的社交距离。比如在微信里用文字发送"讨厌"两个字,对方可能会一气之下把你拉黑。但如果换成一个讨厌的表情包,情况就会大不相同,就像面对面带着笑说"讨厌",对方明白这是一种笑嗔。

现在不仅有表情包商店,热点事件和人物也贡献了很多表情包素材,很多 GIF 动图配上脑洞大开的文字,大受欢迎。很多人甚至成了斗图大户(指那种收藏了很多表情包并且无表情包不说话的人),过去诗人写诗"吟安一个字,捻断数根须",现在是为了给一句话找到最妥帖的表情包翻遍"库存",不惜购买成套表情包以经营自己理想的聊天形象。

但表情包在弥补线上交流语境下文字表达的缺陷的

同时，也引发了文字表达能力的退化现象。毕竟表情包不能完全替代文字，如果离开了表情包就感觉无法交流，这种高度依赖也是交往异化的表现。

此外，表情包也太容易被多向解读，造成新的交流冲突。近年来，表情符号、表情包成为"呈堂证供"的案例已屡见不鲜。最近的如 2022 年 7 月的一天，上海某教培机构运营高级专员刘女士突然被公司开除了。因为她的同事给她发去 Emoji 第一个卡通图（微笑），她认为是死亡微笑而用粗鲁和过激的语言回敬了对方。事情告到法院，第二年刘女士最终败诉，法院宣判公司开除她合法；经法院调解，公司补助她 2 万元生活费。本案中的"微笑表情"作为一种表情符号，并没有特定含义，但不同人的理解就很难判断了。

▶▶ 想象互动、表演与倾听

➡➡ 想象互动

人际传播其实包含了一种非常重要的自我传播过程，即想象互动。可以把它理解为我们内心进行的自我交谈。当一个人试图去理解自己的行为和所处的环境时，必然要进行这种自我交谈。这样的场景很多，比如与好几年没见的儿时好伙伴约好暑假见面,心情激动的你可能会想象见面时他会是什么样的表情,会提什么问题,自己该如何回答。等到真正见面以后,也许你还会时不时回味这次见面,回想自己说了什么,反思有哪些是下次再见面要说的或者不应该说的。

想象互动之所以与人际传播理论相关联,是因为"从根本上来说,所有的传播都是内在于人的,在这个过程中,个体在头脑中加工信息,并思考传播中的相遇。"[1]

"想象互动涉及某种社会认知过程,在此过程中,个体想象并因此间接地体验了预想或已经过去的与他人的相遇情景"[2]。这种间接体验会影响到他/她下一次与他人的交往。具体来说,它具有六种基本功能:(1)保持关系;(2)处理冲突;(3)预演信息;(4)通过澄清思路和感受来帮助人们理解自己;(5)通过缓解压力来进行情感宣泄;(6)补偿真实互动的缺失。[3] 这些功能可以同时出现在一次想象互动中。比如想象见面场景既是预演信息,

---

[1] 莱斯莉·巴克斯特.人际传播:多元视角之下.殷晓蓉,等译.上海:上海译文出版社,2010:105.

[2] 莱斯莉·巴克斯特.人际传播:多元视角之下.殷晓蓉,等译.上海:上海译文出版社,2010:97.

[3] 莱斯莉·巴克斯特.人际传播:多元视角之下.殷晓蓉,等译.上海:上海译文出版社,2010:101.

也可以缓解紧张的压力,并且可以在整个过程中更好地认识自我,使自己在见面时能够有更好的表现从而与对方保持关系。对见面场景的反思也同样有助于认识自我,宣泄情绪。

这六种基本功能默认想象互动总是积极地作用于人际传播,更好地促进人与人之间的交流。但也有例外。一种例外是当用想象互动来替代真正的交流时,它可能不仅不能补偿真实互动的缺失,反而抑制了交流活动。另一种例外是当想象互动的内容是曾遭遇过的冲突、不公、伤害时,这种回忆不一定能带来愉悦情感和正向行为。幸好,大多数时候这六种基本功能的确发挥作用,因为与他人友好地交流是大多数人在大多数时候的行为初衷。

➡➡ **舞台表演**

美国学者戈夫曼提出的戏剧理论把人与人之间的互动交流视作一种基于印象管理的角色扮演,认为人际交往就像是在舞台上表演戏剧,都有自己要扮演的角色。他用"表演"这个词来指"个体持续面对一组特定观察者时所表现的、并对那些观察者产生了某些影响的全部行为"。表演区域则分前台和后台。前台"指个体表演中以一般的和固定的方式有规律地为观察者定义情境的那一部分","是个体在表演期间有意无意使用的、标准的表达性装备"。前台除了有舞台设置这个固定的布局,还有个人前台,包括了一个人的官职、衣着服饰、性别、年龄、种族特征、身材和外貌、仪表、言谈、面部表情、举止等。[1] 表演者在前台的表现是希望被观众看到的,与表演者期望建立并维持的情境是一致的。相对应的,禁止他人进入的后台则隐藏着表演者不希望被别人发现和了解的信息,这样表演者就可以卸下表演的压力。此外,还有一个存在于前后台之外的局外区域,各种局外人就在这些区域里活动,但对表演者也会产生一些影响。

这个拟剧理论形象地描述了每个人在社会生活中的行为状态。就像任何一个负责任的剧班演员在台上都会认真表演一样,我们在日常生活中为了避免"表演崩溃",也会采取很多策略,力争在表演中能够掩盖和修正那些有损于表演的事实或行为。

这些策略包括我们根据交谈对象调整我们的语调和词语使用,以顺应他人的交流内容。所以社会心理学用

---

[1]欧文·戈夫曼.日常生活的自我呈现.冯钢,译.北京:北京大学出版社,2008:19-20.

"传播顺应理论"来解释这种策略,并提出顺应的若干原则,比如在理想状态下,说话者越希望得到积极的效果,诸如发展紧密关系或传递共同社会身份信号等,就越会顺应被认为是带有其互动方特征的交流模式;当被认为是出于积极的意图时,被感知到的顺应模式会逐渐地提高接收者的满意度或对说话者的可信任度等特点的感知等。[1]

戈夫曼的理论是基于他对英国设得兰群岛人的社区生活以及日常生活中个体面对面交流的观察提出的。在今天的媒介化生存状态里,每个人依然在做表演者,但因为"舞台"场景和道具的变化,表演发生了很大变化。以往面对面交流才能获取的信息在社交媒体上需要借助于各种符号,表演的不确定性大大增加,同时,表演区域之间的界限变得越来越模糊,原本属于后台的行为和信息现在有意无意地在前台大量呈现,真实传播与虚伪传播之间的界限也变得模糊。表演不可避免,但表演者的行为表达不仅是针对观众,同时也针对表演者自己,如果沉溺于对外表演,或者一味顺应接收方,就有可能迷失了自

---

[1] 莱斯莉·巴克斯特.人际传播:多元视角之下.殷晓蓉,等译.上海:上海译文出版社,2010:214.

我,不仅欺骗了观众,也会在不知不觉中被自己的行为欺骗,甚至产生压抑和分裂。所以在舞台上真诚地表演,把表演视作一种意义的分享也许是一种不迷失自我的表演规则。

社交技术已经深深影响到人际传播,但技术的影响效果很大程度上掌握在使用者手里,取决于我们如何去使用这些技术。如果用这些技术去完善和拓展人际关系,那技术回馈我们的就可能是正向的影响,反之,因为有了微信,有了表情包,而去回避正常的面对面交流,那只会削弱我们交流的能力。我们应该使用社交媒体来强化和深化社交联系,而不是掩盖和削弱它们。

➡➡ **学会倾听**

每个人在社会中都有多重角色,在父母面前是孩子,在老师面前是学生,购物时是顾客,生病了是病人……这么多角色对应着不同的交流对象。这也意味着我们要在面对不同的交流对象时转换自己的角色,遵循不同的交流规则,但无论社会角色是什么,倾听都是人际交往最基本的原则。"倾听是接收、建构意义并对语言和/或非语言信息做出反应的过程","具体表现为注意、理解、评价、

记忆和反应的过程"。①

"对于倾听的人来说,倾听意味着暂时放下自己的记忆、欲望和判断,在那一刻为对方而存在;意味着想象自己在经历对方的经历;意味着公平、公正地对待他人意义的一部分。"②倾听是需要付出的,因为它需要为对方投入时间、耐心、专注,也需要做出相应的回应。无论是身体前倾还是放下手里的事情,目光直视对方,耐心地听对方把话讲完,这些身体语言都是尊重对方的一种表现。除了这些身体语言,倾听还需要有换位思考的意识,对对方的感受或经历有共情表现,这样才能够对对方有更多的理解,准确地判断对方的诉求,给予有效的回应。

同时,倾听也是互惠的,因为倾听总是与诉说在一起。交流中我们其实是不断在倾听与诉说之间进行转换。当我们倾听时,对方能感受到我们的专注,当我们诉说时,我们也希望对方有同等的投入。

---

① 鲁道夫·韦尔德伯尔. 传播. 周黎明,译. 11版. 北京:中国人民大学出版社,2008:126.
② 陈力丹,陈俊妮. 传播学入门. 北京:中国人民大学出版社,2011:52.

虚拟社群的真实互动

恩格斯说过:"我们的猿类祖先是一种群居的动物,人,一切动物中最爱群居的动物"。[1] 因而,群体传播的历史与人际传播同样长久。群体传播也同样深受目前网络技术的影响,联通的方式、表达的渠道与影响力,都随之发生很大的变化。

▶▶ 群体内的归属欲望与认同

➡➡ 群体意识与归属

美国心理学家萨拉·卡瓦纳在《蜂巢思维》一书的开

---

[1]马克思,恩格斯.马克思恩格斯全集:第 26 卷.中共中央马克思恩格斯列宁斯大林著作编译局,编译.2 版.北京:人民出版社,2014:762.

篇讲了一个故事：1962年6月，南卡罗来纳州一家纺织厂的一位女工抱怨自己被虫子咬了，并且晕倒了。接下来，又一位觉得遭到虫咬的女工也晕倒了。接下来的11天里，陆续有62人报告说被虫咬。工厂和外部权威机构进行了大量调查，结果只发现少量的小虫和螨虫。但工人们确实出现了知觉丧失、呕吐、全身颤抖等症状。最后，医生和专家得出结论，工人们的这种疾病是头脑中臆想出来的。这种没有任何具体诱因下出现的群体症状被称为"歇斯底里传染"，这种传染在联系紧密的社会群体中偶有发生，而较为多见的是情感和思想从一个身体扩散到另一个身体、从一个头脑扩散到另一个头脑的案例。因为人是社会动物，容易受到别人思想和情绪的影响，也会自觉地维护身处群体共有的思想和情绪。[1]

卡瓦纳用"蜂巢思维"来比喻群体意识，因为蜜蜂是集群生活的一类昆虫。"人类不会像鸟类或蚂蚁那样成群结队，而是会通过情绪传染和社会从众的过程产生思维的同步性，从而产生'共同的感受、共同的步调和共同的身份认同。'……当人们面对面交流时，往往会模仿彼

---

[1] 萨拉·罗斯·卡瓦纳.蜂巢思维——群体意识如何影响你.蒋宗强，译.北京：中信出版集团，2020：前言.

此的姿势和面部表情,从而产生相似的情绪。多个人走在一起时,步调会趋于一致,很容易会互相模仿举止习惯和说话的节奏,甚至眼神凝视的方式。与他人同步似乎也能促进与他人的联系。当有人模仿我们的身体动作(姿势、手势)时,我们更有可能喜欢他们,并与他们融洽相处。"①

类似的观点其实在古希腊就已经产生,当时亚里士多德说"社会从本质上看是先于个体而存在的,那些不能过公共生活,或者可以自给自足、不需要过公共生活,因而不参与社会的,要么是兽类,要么是上帝"②。显然我们既不是动物也不是上帝,我们必然要体验自己属于某一个群体的社会生活。这样,每个人就自然而然与某个群体"捆绑"在一起。马克思总结说:"人即使不像亚里士多德所说的那样,天生是政治动物,无论如何也天生是社会动物。"③

很多时候,我们因为与他人有相似的价值观、爱好、

---

① 萨拉·罗斯·卡瓦纳.蜂巢思维——群体意识如何影响你.蒋宗强,译.北京:中信出版集团,2020:6.
② E.阿伦森.社会性动物.邢占军,译.9版.上海:华东师范大学出版社,2007:12(致谢后).
③ 马克思,恩格斯.马克思恩格斯全集:第44卷.中共中央马克思恩格斯列宁斯大林著作编译局,编译.2版.北京:人民出版社,2001:379.

人生目标聚合在一起,形成一个没有边界或门槛的群体,比如音乐节、粉丝群、广场舞、快闪等,都会将一群人无形地集合在一起。

网络提供了更多样化的群体归属路径,如共同喜欢某一类电影或者某个爱好、某种共同身份等而集成的豆瓣小组、微信群,甚至网络游戏团队等。社交媒体的存在本身就是我们寻求归属感的结果。虽然很多社群都是匿名的,但这种匿名社交与传统线下集结的社群一样,也是我们所属的群体,同样反映我们的身份,也塑造我们的行为。

➡➡ 群体压力与动力

群体意识一旦形成,我们的思想、情感、言行就必然会受到自己所属群体的影响,影响的结果就是我们熟知的"从众"表现。

美国社会心理学家埃利奥特·阿伦森所著《社会性动物》转述了一个有趣的故事:"突然有人开始跑起来。在这一刻,他很可能是想起了与他的妻子有一场约会,而现在去赴约已经太迟了。别管什么理由,他在百老汇大街上向东跑去。另外一个人也开始跑起来,可能是一个心情不错的报童。又一个人,一位仪表堂堂的公务人员,也是一路小跑。在10分钟的时间里,从联合仓库到法院大楼,商业街上的每一个人都在奔跑。一声嘟囔逐渐演变成了一个可怕的词'堤坝'。'堤坝决口了!'这种恐惧被人讲了出来,这个人可能是电车里的一位瘦小的老妇人,可能是一位交通警察,也可能是一个小男孩;没有人知道他是谁,而且现在这一点也并不重要。两千多人一下子全都跑了起来。四下响起了'向东跑!'的喊声……"[1]

虽然这个故事看上去像是魔幻寓言,但很多实验都证实了这一点,比如1936年美国社会心理学家穆扎法·谢里夫做过的群体压力实验。他让参加试验的人判断在黑暗屋子里的一盏灯移动的距离。单个实验对象参与时给出的答案大相径庭,但把一群实验对象放在一起时,越来越多人的答案逐渐趋同,尽管这盏灯根本就没有移动。

群体意识导致从众在由不具名的个体构成的松散群体中如此,在组织严密的群体中则更可能如此。第二次世界大战中德国纳粹党对犹太人实施种族灭绝,在执行人当中有一个叫艾希曼的纳粹党人,战后他被审判。德

---

[1] E.阿伦森.社会性动物.邢占军,译.9版.上海:华东师范大学出版社,2007:9.

国政治理论家汉娜·阿伦特旁听审判后,写下《艾希曼在耶路撒冷》这本书。书中她使用了"平庸的恶"这个概念来形容像艾希曼那样执行犹太人灭绝政策的恶行。他本是再普通不过甚至彬彬有礼的人,但他作为纳粹党人,认为执行命令就是自己的品德。这种失去自我判断与选择的意识和能力,无条件屈从于组织命令的"平庸的恶"就是群体意识的极端表现。"达成一致是一个群体所追求的特征之一,但是如果走到极端,那么它也变得毫无公用甚至具有毁灭性。"[1]

推动从众的其实是两种不同的心理动机。一种是群体压力,另一种是群体动力。前者是成员在个人价值或判断与群体价值或判断发生矛盾时,放弃自我顺从大多数人,而后者则是心甘情愿地放弃自我价值或判断。

群体意识通常表现为大多数人对单独个体的影响,但反过来也一样成立:一个群体中的少数人也可能会对大多数人产生影响,基于的原理依然是群体意识,很可能大家都认为少数人是意见领袖。所以其实在很多情况下,"仅仅需要一位持不同意见者,便有可能极大削弱群

---

[1] 特里·甘布尔.有效传播.熊婷婷,译.北京:清华大学出版社,2005:291.

体诱发从众的力量。"[1]

很多人认为在网络时代因为线上匿名的关系,群体压力会减弱。实际情况可能刚好相反,我们后面会具体谈到网络社群对个体的影响。

▶▶ 网络赋权与赋能

➡➡ 匿名与表达

1993年,《纽约时报》刊登了一幅漫画,一条坐在电脑前的狗对另一条狗说:"在互联网,没人知道你是一条狗。"[2] 这幅漫画无意中道出了互联网重要的特性,即隐匿。

网络匿名既有技术匿名,也有社会匿名。技术匿名是通过删除鉴别个人身份的信息,使其他人无法识别;社会匿名是在特定社会交往情景中,因为没有提示身份的信息而使主体的真实身份不被辨别出来。

隐匿是一种自我保护机制。互联网将身份的隐匿发

---

[1] 埃利奥特·阿伦森.社会性动物.邢占军,译.上海:华东师范大学出版社,2007:134.
[2] Glenn Fleishman. Cartoon Captures Spirit of the Internet. The New York Times,2000-12-14.

挥到了极致。在网络平台,没有人知道发言者的姓名和其他信息,人们之间不再受诸多现实关系的束缚,因此会更敢于表露自己内心的真实想法。现在很多事件都是首先在网上披露,然后才引起社会关注的。匿名是重要的前提保障。

但同时,当个体处于匿名状态时,社会准则基于身份的要求变得不那么重要,表达的责任感和负罪感有可能随之减弱,就有可能导致表达走向极化,不符合社会道德和法律要求的各种信息也会泛滥,比如网络暴力、谣言等。我们在后面会谈到网络匿名带来的另外一面。

如何实现网络匿名与实名之间、表达自由与负责任表达之间的平衡,始终是互联网治理的难题。网络实名制对于防止利用匿名来散布谣言、侵犯他人隐私等行为的发生非常必要。从 2015 年开始,我国相继出台了一系列实名相关法规,比如《互联网用户账号名称管理规定》(2015)、《互联网论坛社区服务管理规定》(2017)、《互联网跟帖评论服务管理规定》(2022),均要求相关网络服务提供者按照"后台实名、前台自愿"原则,对互联网信息服务使用者进行基于移动电话号码、身份证件号码或者统一社会信用代码等方式的真实身份信息认证,如果用户不提供真实身份信息,就不提供信息发布、跟帖等服务。

后台实名、前台自愿的普遍原则实现了表达自由与打击非法言论的平衡，同时保障了使用者的个人信息安全。

➡➡ 参与文化：B站、弹幕和抖音

现在可以选择的视频平台很多，如抖音、西瓜、快手等。其中，B站被称为"得年轻人者得天下"的典范。这个创建于2009年的网站，早期经营动漫游戏的内容创作与分享，现在已经成为一个社群化传播的弹幕视频分享网站。其实B站不是中国弹幕的发源地，但一提起弹幕，很多人的第一反应都是B站。

以往观众观看视频只能是在评论区留言和回复，发帖者与跟帖者没有同步交流，但弹幕开启了跨越时空的实时社交参与。当弹幕覆盖了整个视频页面时，很多人观看弹幕的兴致甚至超过了观看视频本身，那种热闹的场面像足球赛时一帮人边看电视边评头论足。

为了应对弹幕的字数限制，发弹幕者不得不言简意赅，甚至用缩写符号来表达瞬间的情感，这成为弹幕群里考验彼此默契程度的一种方式，诸如"爷青回""前方高能"等成为特别能引起共鸣的表达。"爷青回"甚至成为2020年的年度弹幕。在当年B站的跨年晚会上，很多节目的视频中"爷青回"满屏飘过，成为弹幕爱好者的集体记忆。

除了情感和情绪的在场表达与认同满足,弹幕还具有"文艺评论"创作的功能,比如对电视剧中人物故事和事件背景的挖掘,尤其是在《觉醒年代》《我在故宫修文物》《国家宝藏》这样的历史文化类和主旋律题材文艺作品中。这种通过弹幕进行二次创作的行为拓展甚至左右了后来者对原有信息的解读方式,就像美国计算机科学家尼古拉斯·尼葛洛庞帝说的,信息不再是被推给消费者,相反,人们将所需要的信息拉出来,并且参与到创造信息的活动中[1]。

抖音也构建了一种参与文化。当社交视频成为记录日常生活、分享精彩瞬间的工具后,普通用户就可以通过内容生产找寻自我认同、他者认同和社区归属,满足群体传播中自我展示与社会交往的需求。

因为没有门槛限制,成本低,草根在这些视频网站上走红的概率大大提高。波普艺术倡导者安迪·沃霍尔关于"未来人人都能出名十五分钟"的预言在这些社交视频平台上得到印证。

对于很多农户来说,像抖音这样的平台是他们直播

---

[1]尼葛洛庞帝.数字化生存.胡泳,范海燕,译.海口:海南出版社,1997:4.

带货的路径。一个小小的直播间带动起直播经济,甚至越来越多的农民在田间地头成为带货主播,很多原本滞销的优质农副产品借助电商平台"云赶集"走出大山,富了农户,振兴了乡村。手机成了新农具,直播成了新农活,这是社交媒体平台赋能乡村振兴的重要意义。

➡➡ 粉丝和饭圈

2005年,湖南卫视选秀节目"超级女声"开启全民造星,这年也被称为"追星元年"。节目设置的短信投票方式使粉丝开始从受众型向消费型转变,在明星能否出道上,粉丝第一次有了决定权。现在流行的应援活动以及饭圈这个概念都是那时候开始形成的。

所谓饭圈,就是粉丝群体组成的圈子,也称"粉圈"。现在的饭圈不仅是参与者,而且在社群里常态化联系,在线上形成一个个具有圈层结构的"个站",有的个站甚至有上百万成员,分工明确。在微博超级话题里,有管理员来担任意见领袖,有专业粉丝负责打投、转发、点赞、集资、招新打卡等,甚至还有宣传组、视频组、技术组、官群等负责发布微博内容、删帖、控评、打榜、社交平台KPI,以及有后援会负责现场应援等。

从追星族到"有组织有纪律"的饭圈,粉丝作为一个

整体的力量强大了，形成了粉丝文化，也有了更大的话语权。他们巨大的消费力催生了"粉丝经济"的概念，还有了以粉丝作为消费对象的粉丝电影。

但另一方面，粉丝文化也逐渐走向乱象。本应支持某明星发展的饭圈，会通过资本运作左右明星的发展。为了打投，甚至发生粉丝买牛奶集卡，却把一箱箱牛奶白白倒掉的现象。这些乱象有粉丝个体和饭圈群体不理性而被利用的一面，但更重要的是资本不良引导的责任。

为了加强粉丝群体的正向引导，2021年国家互联网信息办公室发布《关于进一步加强"饭圈"乱象治理的通知》，提出了规范粉丝群体账号、严禁呈现互撕信息、清理违规群组板块、不得诱导粉丝消费等十条规定，以打投、应援、集资、控评、八卦、爆料等为主题的粉丝社区、群组等都应被解散。因为饭圈里很多都是未成年人，《通知》明确规定投票打榜、明星粉丝团、后援会等线上活动不得组织未成年人参与。

▶▶ 乌合之众与舆论的"沉默螺旋"

不论有无互联网，舆论主体的素质、舆论存在的言论控制环境对舆论的影响都很大。在社交媒体时代，人们所承受的群体压力并不小于大众传播时代。

➡➡ 乌合之众

18世纪末巴士底狱被攻陷事件,一直被视为法国大革命的标志性事件。实际上巴士底狱里关押的不过是几个精神病人,根本就不是革命者。随大流一拥而进的民众都觉得自己做了一件了不起的事情,实际上不过是被革命的旗号裹挟着。100年后,法国社会学家古斯塔夫·勒庞在《乌合之众》一书中讲道:"那座监狱被攻克之后,激愤的人群围住典狱长,对他拳打脚踢。有人提议吊死他、砍下他的脑袋或是把他拴在马尾巴上拖死。挣脱过程中,他无意中踢到一个在场者的脚。于是有人提议,让那个被踩的人来砍典狱长的头。这一暗示很快就得到了热烈响应。"而这个被踩的人是个失业的厨子,本来是跑到巴士底狱看热闹的,但"既然是大家一致的意见,他也就觉得这是爱国行为,甚至觉得自己消灭了一个魔鬼应该获得勋章。……(最后)他兴致勃勃地完成了任务。"[1]巴士底狱的攻克带来全国范围的示范效应,更多的监狱被拿下。同攻克巴士底狱的群众一样,"除了很少一部分

---

[1] 古斯塔夫·勒庞.乌合之众.冯克利,译.桂林:广西师范大学出版社,2015:136-137.

恶棍，其他大部分人都是各种各样的店员和手工业者：鞋匠、锁匠、假发工匠、泥瓦工、职员和警察。受到暗示的影响后，他们都像上面提到的那个厨子一样，相信自己是在做一件爱国的事情。"①

互联网的匿名也会使原本在线下日常生活中自律克制的人变得肆无忌惮，自认为是在扮演替天行道的判官角色，就像万人体育场里的球迷、游行示威队伍里的抗议者，在群体情绪的感染下莫名地觉得自己无比强大，从而出现类似看热闹的失业厨子一样完全不同于独处时的表现，实际上与真正的公众相去甚远。

网络暴力不是虚拟暴力。它不仅仅是一种话语修辞上的攻讦，还会带来类似于失业厨子和围观群众在巴士底狱杀掉典狱长的行为后果。在每一起不堪忍受网络暴力而轻生的悲剧背后，都有无数"厨子"的"合谋"。

因为网络暴力是在网络上发表具有攻击性的不实言论，具有诽谤、侮辱、公开他人隐私等名誉侵权表现，情节严重的就可以构成诽谤罪、侮辱罪。根据《中华人民共和国刑法》第二百四十六条规定："以暴力或者其他方法公

---

① 古斯塔夫·勒庞.乌合之众.冯克利,译.桂林：广西师范大学出版社，2015：138.

然侮辱他人或者捏造事实诽谤他人,情节严重的,处三年以下有期徒刑、拘役、管制或者剥夺政治权利。"《中华人民共和国民法典》第一千一百九十四条也规定:"网络用户、网络服务提供者利用网络侵害他人民事权益的,应当承担侵权责任。"如果侵权者是以匿名方式在网上发表侵权言论的,当事者可以向平台方提供侵权证据,要求该平台删除、屏蔽、断开链接,同时与平台方协商要求提供侵权者的身份信息以进行诉讼。

北京互联网法院自 2018 年 9 月建院受理的名誉权纠纷案就达到 200 起。[1] 越来越多的人拿起法律武器维护自己的合法权益,让那些以为网络是法外之地的人受到法律的制裁。以江歌案为例,2020 年上海网民谭某用博文和漫画歪曲江歌案,因侮辱罪和诽谤罪获刑一年六个月;2021 年安徽张某在网络传播侮辱和讽刺江歌及其母亲的漫画,以寻衅滋事罪获刑一年;2023 年一个网名"独狼独语 4"的博主发布侮辱性博文获刑两年三个月。[2]

---

[1] 北京互联网法院.严惩网络暴力!北京互联网法院发布涉网络暴力典型案例.(2023-08-04).京法网事.
[2] 洞见先生.江歌妈妈诉网暴者案二审维持原判——正义的审判,不因上诉而改变.(2023-09-01).网易网.

➡➡ **反沉默螺旋与双螺旋**

1965年德国大选时,德国舆论学家伊丽莎白·诺埃尔-诺伊曼发现,民调带来的舆论压力影响着成千上万的人,尤其是100多万在最后一分钟动摇的人,他们在选举的最后一刻随波逐流,偏向在获胜预期中逐渐占优势的党派,使本来只是与其他党派势均力敌的那个党派脱颖而出,获得远超初选时的支持率。1972年大选时发生了同样的现象。于是她提出了一个有趣的假说——"沉默的螺旋理论":"那些自我意识弱以及对政治缺乏兴趣的人最容易在最后几分钟发生突变。希望站在胜利者一边、希望登上乐队花车、希望一起吹着喇叭,这样的意向一定能使追随者远离弱势。'与狼共舞'能够让追随者的境遇更好一些,或者换言之,让强势方的境地更好些。因此,当他感觉到别人要远离他的时候,他觉得非常痛苦,因此强势方很容易抓住他这样的敏感性,就像抓住控制他的缰绳一样。对于被孤立的恐惧表现为一种驱动力,它促使沉默的螺旋启动起来。"[1]

沉默的螺旋理论是基于政治大选的,但它也同样

---

[1] 伊丽莎白·诺埃尔-诺伊曼.沉默的螺旋.董璐,译.北京:北京大学出版社,2013:6-7.

可以用来解释在其他群体生活中,社会舆论是如何影响身处其中的个体的意见和行为的。它成立的一个关键前提在于人害怕孤立的心理。在诺伊曼的调查中,"我几乎没有什么熟人"是民调中常出现的语句,没有熟人意味着容易被孤立。

相较于诺伊曼所处的时代环境,今天的互联网提供了一个更加巨大的意见空间,各种意见可以得到更多的碰撞。同时,网络的匿名特征似乎也消解了个体害怕孤立的心理,持少数派意见的人不用担心自己的异见,甚至可能因为与众不同而受到更多的关注和追随,这使得他们从少数派成长为舆论场的中间力量,以"一己之力"扭转舆论的走向,使多数人意见开始向少数人意见转变。由此"反沉默螺旋"概念被提出。

也有学者认为,"在新媒体环境下,社会孤立的动机并没有消失;大众媒介对社群以及对个人意见的压力作用方式有所变化,强度相对减弱,但其影响依然不容忽视;从众心理的动因继续存在,从众现象依然普遍。因此,'沉默的螺旋'并没有从网际间消失。但同时,鉴于网络传播特有的属性和我国现阶段网络媒介受众的历史阶段特点,其表现方式也出现了相应的变化。新媒介带来

的碎片化、情绪化的议程正在逐渐分化大众媒介意见螺旋的指向,特定个体群体对大众媒介的抵抗性认同在增加,形成了另一支螺旋"[1],并由此提出双螺旋概念,认为在新媒介环境中,特定时间的舆论构造中自上而下的大众媒体和自下而上的特定个体社群都会形成各自的意见螺旋,这两种螺旋彼此互动,从而对舆论和个体观点产生决定性的影响。[2]

➡➡ 信息的黑市

流言自古就有,流言是世界上最古老的传媒之一。文字出现之前,人们用歌谣的形式来传递流言。流言最开始是古人对于预言的一种称呼,即用歌、谣、谚的形式出现的预言,就像《史记·周本纪》中记载的西周宣王时期的"檿弧箕服,实亡周国"[3]。这个关于西周灭亡的预言应该是我国历史上最早的预言性童谣。

后来,流言开始慢慢演变成我们现在理解的诋毁他

---

[1] 高宪春,解葳.从"消极沉默"到"积极互动":新媒体环境下"沉默的双螺旋"效应.新闻界,2014(9):49-50.
[2] 高宪春,解葳.从"消极沉默"到"积极互动":新媒体环境下"沉默的双螺旋"效应.新闻界,2014(9):43-54.
[3] 司马迁.史记:第一册.李翰文,编.北京:北京联合出版公司,2016:212.

人的不实消息,惯常的定义也都会强调谣言"未经证实"甚至是虚假的特征,比如:"谣言是一种在人们之间私下流传的,对公众感兴趣的事物、事件或问题的未经证实的阐述或诠释"。①

"私下流传",意味着谣言是一种在民间流传的地下行为,因此谣言的始作俑者或出处往往是不具名的。但其实在早期,制造谣言的不仅仅是隐匿在民间的无名者,有名有姓的皇帝、巫师等也是谣言的制造者。比如朱元璋起义时流传的童谣"塔儿黑,北人做主南人客;塔儿红,朱衣人做主人公",预言朱元璋要做皇帝。因为朱元璋后来果然做了皇帝,这些在民间广泛传唱的童谣好像得到了证实或者无须再证实。实际上,未经证实的信息今天都归入了流言的范畴,而谣言则以被证实是不实的信息而与流言相区别。

"对公众感兴趣的事物、事件或问题"说明谣言涉及的对象大多是与公众利益有关的,因此也会具有一定的重要性。小到"食盐可以防核辐射""多吃木耳防癌""香蕉被甲醛浸泡过,吃了会中毒""肉松是棉花做的",大到

---

① 让-诺埃尔·卡普费雷.谣言:世界最古老的传媒.郑若麟,译.上海:上海人民出版社,2008:3.

"火星入侵地球""'80后'或无养老金可领"等。这些大大小小的谣言中间都包含了生活中的很多未知、不确定和似是而非。对食品安全的不信任、对健康生活的担忧、对公共福利的没信心、对灾难事故的恐惧等,这些都是谣言产生的土壤。

"未经证实的阐述或诠释"说明谣言是缺乏官方或其他权威机构认可的信息。如果大众对某个事件产生了疑问,即提出了问题,但是没能找到答案时,谣言就可能甚嚣尘上。美国社会学家特·希布塔尼提出一个公式:谣言=(事件的)重要性×(事件的)含糊不清。[1] 事件越是重要,人们越关注,而越关注越得不到解释,谣言就会出现,所以谣言满足了人们理解扑朔迷离的事件的需要。从这个角度来说,谣言的传播是有它的规律的,当重要性与含糊不清同时存在时,谣言就可能出现,所以谣言被称为"信息的黑市"是有道理的。正因为如此,希布塔尼从另一个角度去定义谣言:"谣言是在一群人议论过程中产生的即兴新闻"[2]。

---

[1] 让-诺埃尔·卡普费雷.谣言:世界最古老的传媒.郑若麟,译.上海:上海人民出版社,2008:8.
[2] 让-诺埃尔·卡普费雷.谣言:世界最古老的传媒.郑若麟,译.上海:上海人民出版社,2008:8.

即兴新闻是一种能够消除不确定性的信息。谣言可能帮助人们在不确定性中建构意义，即使它是未经证实的甚至是子虚乌有的。我们今天警惕谣言，很重要的一点并不是因为它未经证实甚至虚假，而是未经证实和虚假可能带来严重的社会影响。

曾有学者提出制止谣言大量流传的五条调侃式"建议"，分别是：第一，应使公众对所有官方传播媒介（报纸、电台、电视）无保留地信任，使之无须另求信息。第二，必须使公众绝对信仰他们的诸位领袖，并相信政府在尽最大努力解决战争和危机带来的问题。第三，当某个事件发生之后，最重要的是尽快播发尽可能多的信息。第四，播发消息并不能保证信息被接收。因此最好能确保所有的人都接到这些消息。第五，既然百无聊赖会渴望获悉哪怕最微小的传闻，以消除生活之单调，那么通过工作和业余生活的安排，使人们避免太过空闲就非常重要了。[1]

虽然是调侃式建议，其中也有一些合理的成分。作为一种存在于社会和组织环境中的常见现象，谣言"引人

---

[1] 让-诺埃尔·卡普费雷.谣言：世界最古老的传媒.郑若麟，译.上海：上海人民出版社，2008：6.

注意、唤起情感、煽动参与、影响态度和行为,并且它们无处不在。"[1]我们总是说"谣言止于智者",这样的表述单纯从媒介素养的角度进行解释,忽略了谣言存在的社会因素与心理诉求。谣言总是通过群体传播,群体传播意味着它是在不具名的无数个体之间交叉发生的传播,这些不具名的个体既是谣言信息的接收者,也是传播者,它就像一张网,没有明显的起点,也没有明显的终点,寄希望于这些节点的传播者都是智者,是不现实的。关切的事件发生后,有权威的、具有公信力的声音来进行答疑释惑,提供足够的信息并以最快的速度传播,这才是更现实的做法。

➡➡ 后真相

"后真相"这个概念最早出现在塞尔维亚裔美国剧作家斯蒂夫·塔斯克在1992写的文章里,他反思了水门综合征(Watergate Syndrome),即在"水门事件"中尽管民主获得了胜利,但美国人对真相也避而远之,表达了对不受欢迎的事实的蔑视。他说,"无论是因为'水门事件'揭露的真相太令人痛苦,还是它的严重性被充

---

[1] 奥尔波特. 谣言心理学. 刘水平,译. 沈阳:辽宁教育出版社,2003:前言.

斥着犯罪的'越战'冲淡了,还是因为尼克松迅速被原谅了,我们开始将真相等同于坏新闻,我们不再想要坏新闻,无论它有多真实,多么反映我们国家的状况。我们期待我们的政府让我们远离真相。"他在审视了"拉链门事件"和第一次海湾战争中民众的心理后得出结论说,"我们正在迅速成为极权主义梦寐以求的那种民众。所有的独裁者都是想尽办法来压制真相,而我们却在用实际行动说明我们想要的是剥光真相的精神机器。我们作为自由民众,以一种最基本的方式,自主决定我们想要生活在后真相世界里。"[1]

"后真相"的概念广泛存在于诸多舆论场里,尤其是在社会热点事件中。我们常说的反转新闻,与其说人们看重的是真相,莫不如说是基于所谓事实的情绪宣泄与共鸣,事件只不过是情绪的容器。当真相对于情绪的宣泄变得不那么重要的时候,情绪走到事实的前面,真相就退位到情绪后面了,所以被称为"后真相"。其实后真相并不是说真相是缺席的,而是说人们不那么在意事实本身,于是真相也就变成了没有真相

---

[1] Richard Kreitner. Post-truth and its consequences:what a 25-year-old essay tells us about the current moment.(2016-11-30). The Nation.

的"真相"。

后真相时代的出现是一个不正常的状态,要改变这种状态,就需要重建一个承认事实、尊重事实的社会环境,重建规范的共识和价值的共识,从而重建事实与真相的联系。

依旧无处不在的大众传播

当个体在社交媒体平台具有更多话语表达权的时候，很多人开始质疑大众传播是否还有存在的必要。实际上，大众传播作为一种传播方式依然无处不在，尽管传播主体和媒介发生了变化。

▶▶ 媒体生产与媒介场

➡➡ 媒介是条鱼？

我们不仅生活在自然环境和社会环境中，还生活在由媒介创造的环境中。大众传播媒介也同样构成了我们的生态环境，不仅影响着我们，也影响我们所处的社会结构。所以，媒介不是鱼，媒介构成了我们生活的海洋，而我们是生活在媒介中的那条鱼。

鱼意识不到水的存在,因为它们没有一个完全相对的环境来让它们感知到它们生活的世界的构成。如同鱼,我们常常也意识不到我们生活于其中的媒介的存在,因为我们也完全沉浸在其中。但这些媒介却无时无刻不影响着我们的感知、理解、情感和价值,新的媒介技术不断出现,就像从文字书写到电视,从车轮到飞机,从网络到移动手机,我们与媒介的互动也在影响我们的生存环境,就像水对鱼的影响一样。

加拿大传播学者马歇尔·麦克卢汉不是第一个引用"鱼不知道水的存在"的学者,最早可查的类似表述在1909年出版的一本名叫《每日日本》(Every Day Japan)的书里[1],但他使这句话与他的"媒介即信息"等论断一起成为媒介生态学的标志性话语。

媒介最早只是被认为是一种自然而然的工具,是信息的载体,但"媒介即信息"的论断将一直不被传播学者关注的媒介技术"扶正",让人们开始关注到媒介技术即媒介形式本身对社会生活和个人生活方式产生的影响。

从口播时代到印刷时代、电子时代,再到今天的互联

---

[1] We don't know who discovered water, but we know it wasn't a fish. (2013-12-23). Quote Research.

网时代,每个时代标志性的媒介形式总是能带来深远的社会影响。印刷术最早是我国11世纪的毕昇发明的,约15世纪传到欧洲。德国的金属活字印刷术发明人古登堡在15世纪中叶让大批量生产书籍变为现实。过去因为《圣经》稀少,对神学的解释牢牢掌握在神职人员手中,但印刷术使人人都能拥有《圣经》后,神学垄断被打破,这为1517年马丁·路德的宗教改革铺平了道路。不仅如此,印刷机还打破了被上层阶级垄断的阅读权利,民众识字率提升,知识与文明的普及也随之而来。

"传统的文字传播是人的特定身份的标志",但"电子媒介使得使用者不再与既定的社会身份和地位相关联。电报是第一个使人体运动与信息运动分离的发明。电话无形中打破了个体间保持适当距离的社会规则,它无一例外地获得了只有在朋友和情侣间才被允许的耳边呢喃的距离,手机则完全实现了'只要有电话就有家'的理想状态。电视将不同类型的人群带到了相同的场景,于是不同的社会角色在电视面前变得模糊了,而网络传播则进一步提供了隐去身份、同步参与交流的条件。特别是电视与网络传播,构成了最为广泛的公共领域,提供了从未有过的信息共享。它们将原来属于各个社会层面内部

的场景推到了前台,从而整合了信息系统。"①

我们迄今依然在切身感受互联网技术对我们每个人的影响。只要手里拿着手机,任何人都能立即成为一个实时远程互动的通信系统,只要有信号,在世界任何一个地方都可以保持联系。不仅如此,手机也成了人们参与社会生活、介入大众传播、参与信息移动生产与传播的重要媒介。

不过,媒介技术对社会的影响总是多向的。当媒介技术渗透到我们生活的方方面面,或者当我们深度浸润在媒介的海洋里时,我们需要警惕我们可能成为新的传播科技的奴隶,反省我们是否被我们自己创造的媒介异化。"任何信息技术所产生的影响都是复杂的意料之外的结果,加上我们能够对信息技术所产生的影响进行评价和可能的调整——我们踏上了一个有关信息技术发展历史和发展未来的旅程,一个信息技术的发展如何对我们的世界产生影响的旅程,一个信息技术的发展将如何影响未来世界的旅程。"②

---

①陈力丹.试看传播媒介如何影响社会结构——从古登堡到"第五媒体".国际新闻界,2004(6):34.
②陈力丹.试看传播媒介如何影响社会结构——从古登堡到"第五媒体".国际新闻界,2004(6):35.

➡➡ **合适的娱乐**

提到电影,很多人都会将它的起源追溯到法国卢米埃尔兄弟。1895年12月28日,卢米埃尔兄弟在巴黎的咖啡馆播放了他们拍摄的《工厂大门》《火车进站》等一系列纪实短片,当时现场的观众都被银幕上奔驰而来的火车头吓得四处逃散。但实际上电影的历史还可以追溯至更早。1888年,英国人普林斯制作了一个只有2.11秒的电影《朗德海花园场景》。这个影片因为太短,不得不反复放映6次来凑数。不过这在当时就已经是划时代的作品了。1893年8月22日,恩格斯出席德国社会民主党在柏林欢迎他到来的大会,他在会上的讲话被拍摄为1~2分钟的电影。这是他留下的最早的影片。

在电影刚刚普及的年代,它作为一种媒介具有非常大的吸引力。在20世纪20年代,有68%的美国观众甚至是"为了'看电影'而看电影","在20世纪30年代,美国电影院空调的安装使得夏季从最坏的档期变成了最好的档期;对很多美国人而言,电影院是炎热夏季的夜晚唯一可去的凉爽之所。"[1]

---

[1] 理查德·麦特白.好莱坞电影 美国电影工业发展史.吴菁,何建平,刘辉,译.北京:华夏出版社,2011:51-52.

"在电影首次商业化放映之后的10年里,千百万的人养成了每周必看电影的习惯。……改革者与流浪者把电影说成是移民的娱乐,而小镇的经营业主把它当作中产阶级的消遣方式来促销。劳工阶层的镍币电影院一方面被说成是社区的中心和酒吧的克星;另一方面又被说成是教唆青少年男盗女娼的丑闻学堂。"[1]尽管有对电影的种种非议,但这些非议恰恰说明,电影从诞生开始就自然而然代表了大众媒介的娱乐功能。

对于观众来说,电影不过是一次持续两个小时的娱乐,好莱坞电影尤其如此。"坐落在洛杉矶的这片生产梦幻的工厂显得那么奇特,它生产娱乐,出售娱乐,所以它一点都不严肃。好莱坞电影提供了一个避难之所,它让人们好像来到一个乌托邦,放弃生活的负担和琐碎。"当然,"这种以娱乐为目的的电影经常被有些人看作撒谎的工具,是社会的病态,但是这并不影响大量观众喜欢它。"[2]

不同媒介有不同的功能,娱乐也是重要的媒介功能

---

[1] 理查德·布茨. 美国受众成长记. 王瀚东,译. 北京:华夏出版社,2007:133.

[2] 理查德·麦特白. 好莱坞电影 美国电影工业发展史. 吴菁,何建平,刘辉,等译. 北京:华夏出版社,2011:22-23(导论).

之一。人们选择某种媒介与这种媒介的功能息息相关。美国社会学家卡茨在《个人对大众传播的使用》一书中将人们的媒介接触行为归结于一种"期待—满足"的过程：人们接触媒介的目的是满足某种特定需求，这种需求源自一定的社会和个人心理。基于以往媒介接触经验，人们选择可以接触到的能够满足这种需求的媒介。[1] 想了解时事，人们肯定不会求助于电影，如果想周末放松一下，电影这种媒介可能就是最好的选择。电影从无声到有声，从黑白到彩色，从最开始的"会动的绘画"到后来的3D呈现，无论技术如何发展，它本质上提供的都是一种娱乐性商品。

大众想从电影中获取的需求不过是在一定时间内去体验另一种人生，如果我们以为这种娱乐仅带来短暂的放松，这种理解低估了大众媒介的娱乐影响。电影在人们的人生观、价值观和世界观上产生的长远影响远在放映时间之外。

1911年，意大利电影先驱乔托·卡奴杜发表《第七艺术宣言》，从此电影不再是一种杂耍的技艺，而成为建筑、

---

[1] Blumler, J. G., Katz, E.. The Uses of Mass Communications: Current Perspectives on Gratifications Research. Sage Annual Reviews of Communication Research，1974(3).

诗歌、音乐、舞蹈、绘画、雕塑六种经典艺术门类之后的"第七艺术"。但电影相比较其他经典艺术门类,它的商业性更为凸显,以至于人们需要界定出"商业片"与"文艺片"的不同类型。实际上,"电影制作是艺术和商业的联姻"[①],无论是好莱坞电影还是我们的一些贺岁片,都是在通过艺术手段满足公众的娱乐需求,以实现商业利益。这种手段的巧妙之处在于掩盖了电影能够"决定人们的态度,创建时尚,树立行为举止的规范,加强或削弱更广范围的社会价值"[②]的社会影响力。早在1922年1月,列宁就将电影划分为宣传片和娱乐片两类。他说:"电影院还是新鲜事,因而我们的宣传将会特别有效。"[③]

为了使这种娱乐成为一种合适的娱乐,各国都从道德层面对电影提出了更高的要求。美国1930年推出《制片法典》,认为"娱乐对它的消费者负有道德的责任",因此"不得生产任何将降低观众道德水准的电影"。[④] 美国

---

①理查德·麦特白.好莱坞电影 美国电影工业发展史.吴菁,何建平,刘辉,译.北京:华夏出版社,2011:5.
②大卫·普特南.不宣而战:好莱坞 VS.全世界.李欣,译.北京:中国电影出版社,2001:327.
③列宁.列宁全集:第42卷.中共中央马克思恩格斯列宁斯大林著作编译局,编译.2版(增订版).北京:人民出版社,2017:383.
④理查德·麦特白.好莱坞电影 美国电影工业发展史.吴菁,何建平,刘辉,译.北京:华夏出版社,2011:56.

电影的分级制度也是对电影娱乐功能的一种对象层面的规约。我国电影目前没有分级制，但我国自2002年开始执行《电影管理条例》，其中第三章电影审查部分第二十五条规定了十条禁止载有的电影内容，以保证电影能对观众行为产生积极的影响。

"电影明星为我们提供了一面镜子……电影情节为我们打开了一扇观察和了解别人的窗子。电影已成为我们个人或民族认同感的一部分了。"[1]当一个国家出口电影时，同时输出的还有自己国家的形象和意识形态。按照我国《电影管理条例》的规定，进口公映的电影在进口前必须报送电影审查机构审查，符合法律法规和文化习俗的才能上映。这种把关既是对国外文化意识形态入侵的一种防范，也是对电影市场秩序的一种维护。各国都有对进口电影的审查制度，一部电影在不同国家会出现不同版本，就是因为各国的法律法规和文化习俗不同。

➡➡ **媒介仪式：看春晚还可以抢红包**

1978年，迎新春文艺晚会在中央电视台播出，但是有电视的家庭寥寥无几，能够看到这场录播晚会的人很少。

---

[1] 大卫·普特南. 不宣而战：好莱坞 VS. 全世界. 李欣，译. 北京：中国电影出版社，2001：325.

但到1983年,春节联欢晚会第一次以电视直播方式进入中国家庭时,很多人都记住了这第一届春晚。从此,看央视春晚成为中国人与家人共度除夕夜的"年俗"。

当央视春晚成为一种新的年俗的时候,它就成为一种仪式传播。仪式是一种组织化的象征活动与典礼活动,用以界定和表现特殊的时刻、事件或变化所包含的社会与文化意味,像婚礼、过年时祭拜灶神爷、十一国庆的阅兵仪式等,都是仪式。这些仪式传播的是一种类似于"共性""共有""共享"及"拥有共同信仰"等词的意思,"用来建构并维系一个有秩序、有意义、能够用来支配和容纳人类行为的文化世界"。[1]

与传播的仪式观对应的是传播的传递观,这种传递观认为传播是"一个信息得以在空间传递和发布的过程,以达到对距离和人的控制",[2]即分享信息的行为,这种行为带来信息的扩散。

央视作为电视新闻媒体的典型代表,它的很多栏目或节目都是在传递信息,比如新闻联播、晚间新闻等,但是春晚是一种共享"信仰"的仪式传播,"在这里家庭通过

---

[1] 詹姆斯·凯瑞.作为文化的传播.丁未,译.北京:华夏出版社,2005:7.
[2] 詹姆斯·凯瑞.作为文化的传播.丁未,译.北京:华夏出版社,2005:5.

电视被连接到了国家中心,古老的家天下的儒家理想,突然变得从未有过的真实",①通过电视媒介实现"天涯共此时",让亿万中国人在除夕之夜感受到晚会的盛大与神圣,并通过晚会的祥和喜庆感受到社会的和谐与祖国的繁荣富强。春晚中,海外华人的拜年祝词更是构筑了全世界中华儿女共同的盛典,从而强化个人、国家、民族的身份认同。

在新媒体的冲击之下,即使像春晚这样已经成为举国参与的结构性仪式的活动,也需要与时俱进。因为仪式的参与不具有强制性,要吸引大众继续通过电视参与到仪式中,就需要有新的元素不断注入,并使其稳定下来,成为仪式的一部分。最早的春晚,采用电话点播的方式,是一种互动。这种互动在新媒体之下有了更多的形式,进一步打破了柯林斯关于互动仪式的要素/条件限制。

柯林斯认为互动仪式需要有四种组成要素或起始条件,分别是:"1.两个或两个以上的人聚集在同一场所,因此不管他们是否会特别有意识地关注对方,都能通过其身体在场而相互影响。2.对局外人设定了界限,因此参

---

① 吕新雨.仪式、电视与意识形态.读书,2006;121.

与者知道谁在参加,而谁被排除在外。3.人们将其注意力集中在共同的对象或活动上,并通过相互传达该关注焦点,而彼此知道了关注的焦点。4.人们分享共同的情绪或情感体验。"[1]

春晚没有实现身体在物理空间意义的在场,也没有局内人与局外人之分,但春晚对互联网技术的借鉴放大了分享情绪与体验的可能。压岁钱是重要的一种民俗,央视春晚将它从线下转移到线上:2015年与微信合作推出摇一摇抢红包,2016年与支付宝平台推出集五福卡活动,2018年又与淘宝合作发出春晚红包活动,2020年快手成为央视春晚抢红包活动的合作伙伴……对于年轻一代来说,除了文艺节目的吸引力,抢红包也让春晚延续了仪式性活动的性质。

▶▶ 做意义的生产者

大众传播的过程中,"受众"是一个有着最多同义词的概念,也是互联网时代内涵发生最大变化的概念。相比"受众"包含的被动意味,用"用户"这个概念指称网络

---

[1] 兰德尔·柯林斯.互动仪式链.林聚任,王鹏,宋丽君,译.北京:商务印书馆,2004:86.

时代的媒介受众,可能更为精确。

➡➡ 沙发土豆变大拇指

20世纪60年代是美国电视快速发展的时期,电视这种媒介深深吸引了大众,甚至很多人整天都窝在沙发里看电视。于是,在20世纪70年代出现了"沙发土豆"(Couch Potato)这个词,形容那些沉溺于电视节目的人看电视不用动脑子,手握遥控器甚至都不需要起身去调频道,整天窝在沙发里,就像土豆一样。

沙发土豆反映了现代人的一种生活方式和行为特点。1980年,日本学者中野收进一步提出"容器人"的概念:"在大众传播特别是以电视为主的媒介环境中成长起来的现代日本人的内心世界类似于一种'罐状'的容器,这个容器是孤立的、封闭的;'容器人'为了摆脱孤独状态也希望与他人接触,但这种接触只是一种容器外壁的碰撞,不能深入到对方的内部,因为他们相互之间都不希望对方深入自己的内心世界,于是保持一定距离便成了人际关系的最佳选择。"[1]

很多人可能觉得容器人是一个过时的概念,但今天

---

[1] 郭庆光.传播学教程.2版.北京:中国人民大学出版社,2011:123.

在电脑或手机前沉溺于追剧、打游戏的人,与几十年前沉溺于电视的人并没有本质的区别,他们成了新"容器人",新的"沙发土豆",不同的是,这些"新土豆"手里握的不再是遥控器,而是电脑鼠标或手机。

很多手机软件,尤其是短视频类的,特别容易让人上瘾,有不间断的精彩内容,不需要任何思考,原本只是在饭后偶尔消遣一下的东西,现在让时间流逝得不知不觉。如果统计一下每天刷朋友圈和短视频的时间,结果可能会吓你一跳。

上瘾不仅影响身体,社交能力也会大大减弱,甚至患上手机综合征、手机焦虑症。美国 20 世纪 80 年代曾此起彼伏地发起"关掉电视"的活动,今天也有很多呼声呼吁大家扔掉手机。但这样的倡议既不现实,也不能解决问题。尼尔·波兹曼在《娱乐至死》中说,"只有深刻而持久地意识到信息的结构和效应,消除对媒介的神秘感,我们才有可能对电视,或电脑,或任何其他媒介获得某种程度的控制。"[1]这需要受众有清晰而强烈的思考意识,能分辨伪语境信息(脱离生活、毫无关联,却获得一种表面用

---

[1] 尼尔·波兹曼. 娱乐至死. 章艳,译. 桂林:广西师范大学出版社,2004:209.

处的信息），有目的地接收有用的信息，让媒介为我所用，而不是被它奴役。

➡➡ **商品与虚假需求**

以广告费为主要经济来源的大众媒介，通过新闻、广播节目、电视剧、游戏等媒介产品吸引大众，然后以受众数据招徕广告商。大众传播的这个经济现象引起传播政治经济学派达拉斯·斯麦兹的注意，他在1977年提出受众商品论。

受众商品论认为受众是一种特殊的商品。大众媒介在以受众数据（多寡与人口统计特征）招徕广告商的时候，其实就是将受众当作商品打包卖给广告商。受众花两块钱看一份报纸、窝在沙发里当"土豆"、在电脑前刷剧，好像是在享用近乎免费的午餐，但这种休闲时间里也包含了对广告的接收，为广告商带来利益。

受众被商品化的是他们的注意力。大众媒介、受众与广告商之间形成一种二次售卖的关系。第一次售卖是大众媒介将媒介产品以近乎免费的价格卖给受众，其结果是获取受众的注意力，表现为受众停留在这些媒介产品上的时间；第二次售卖是大众媒介将受众的注意力卖给广告商，大众媒介获得了向受众提供免费内容的价值

补偿,广告商因受众观看广告而获得了规模销量,受众付出了看新闻、看电视剧、打游戏的时间,并去购买广告商推销的商品。

受众商品论延续了马克思主义对资本主义经济的批判。受众所有的时间都在创造价值,不仅是上班时间,下班后的消遣时间也在通过购买广告提供的商品为媒介和广告商创造价值,而受众对这种绝对剥削(资本家通过增加工作时间,导致劳动力的剩余价值增值)一无所知。所以,"天下没有免费的午餐"这句话在大众传播领域也同样适用。

受众对广告信息的接收包含了劳动异化,而这种劳动异化还常常与消费异化联系在一起,催生出很多虚假需求。人的需求有真实需求和虚假需求之分,"为了特定的社会利益而从外部强加在个人身上的那些需要,使艰辛、侵略、痛苦和非正义永恒化的需要,是'虚假的需要'。"[1]在消费领域里广告催生的虚假需求造成消费异化,那种"女人的衣橱里永远缺少一件"的说法、"你值得拥有"的说法、"战袍"的说法等很容易让人丧失了区分真实需要与虚假需要的能力。商品原本是作为生活必需品

---

[1] 马尔库塞.单向度的人.刘继,译.上海:上海译文出版社,1989:6.

存在的，人们消费是为了更好的生活，但是在消费社会里，各种被制造出来的幻象驱使人们为了消费而消费，并且从对物的消费转移到对符号的消费，商品的符号价值成为消费社会的终极价值，各种大牌Logo成为趋之若鹜的消费对象。类似限量款、定制款、当季新款、双十一、618购物节等策略被用来放大欲望的满足感，同时缩短欲望满足的周期。

➡➡ **数字劳工**

在互联网社会里，尤其是在社交媒体平台，受众的说法被用户替代，因为大众不再是信息的被动接收者，而是深度参与数字产品的生产和传播过程。正是在这个参与过程中，一个新的受众概念产生，即数字劳工。所以数字劳工可以看作被商品化的受众在互联网时代的延伸。

社交媒体平台被认为是一种新的民主传播模式。从形式上，人人都可以在这个平台发声，上传自己的作品，分享自己的生活。一开始也许的确如此，但是对于商业运营的社交平台来说，它最终是要成为一个"以平台为手段，以数据为资源，以'数字劳动'为生产力，以互联网为

结构的新利益循环模式"的"平台公司"。① 过去人们的休闲时间被打包卖给广告商,成为创造剩余价值的"工作时间",而在社交媒体时代,人们的工作时间与休闲时间之间的界限进一步被打乱,原本作为消费者的用户正成为免费的生产者。对于用户来说,无论是上传自己拍摄的视频、知乎答案,为影视做字幕翻译,做文学网站的写手,还是看抖音、刷微博,不过是在休闲娱乐,展示、分享与表达,从没意识到这些行为都是一种劳动,更没有想过要得到任何经济补偿,但这些都是在为流量做贡献。现在,用户生产的内容(UGC)已经成为支撑这些平台的重要内容,为这些平台公司创造利润。

这种生产看起来是自由随性的,但实际上所有平台公司都会采用不同的激励计划来刺激用户积极生产能带来最大利润的内容,比如等级体系、用户成长体系、成长孵化营、涨粉技巧等。

比较以往,互联网时代的商业资本对受众的剥削是一种更深度的剥削,因为受众的休闲时间被用于双重劳动,不仅依然是互联网平台与广告商合谋的二次售卖的

---

①李彪.平台资本主义视域下的社交平台:价值本质、社会劳动和公共治理.社会科学,2021(6):172.

对象,生产的信息还被无偿使用,成为吸引更多用户注意力的"免费午餐"。过去的免费午餐是大众媒介生产出来的,但现在越来越多的平台公司连免费午餐都不用自己生产了,只要有平台优势,就有源源不断的免费内容。

当然,并不是所有的数字劳工都是无偿的,一些网络写手和主播与平台签约,其劳动就从无偿转为有偿。但能够脱颖而出、在资本圈分得一杯羹的人毕竟是少数,大多数依然做着无偿劳动。即使以网络文化生产为职业的个体,一旦与平台公司发生矛盾,就会立刻体会到"资本的手段"。

➡➡ 意义的生产者

在古希腊,受众伴随着戏剧、演讲、竞技、街头杂耍等演出活动而出现,从柏拉图到苏格拉底,受众一直被认为是容易被迷惑和引诱的,是被了解、被施爱的对象,是被动的一群人。20 世纪上半叶出现所谓"魔弹论",认为在大众传播过程中,传播者传递的信息就像子弹一样,受众也会像中了枪弹一样应声倒下。这种认识延续了古希腊哲学家对受众的理解,认为受众是被动的,对接收的信息没有任何甄别能力。

1973 年,文化研究学派代表人物斯图亚特·霍尔提

出编码与解码理论,推翻了以往对受众的低估。该理论认为,大众传播中的所有信息都得经过编辑或记者的"编码",编码的过程必然有对材料的取舍、无形地或有意地渗透自己的立场,就像前面讲到的把关人一样。大众媒介的信息都要经过这样有意无意的编码,才能够呈现在受众面前。编码实际上是媒介控制大众的手段。另一方面,受众接收时需要对信息进行"解码",即阅读和理解信息。霍尔认为,被编码的信息一旦进入到大众传播过程中,就进入到意义的流通环节,这时编码者无法完全控制信息如何被解读。受众的解码至少有三种不同的情形:第一种传者主导,即受众按照编码者的意图来理解信息;第二种是协商,表现为受众与编码者的理解意图部分相一致,部分相抵触;第三种是对抗,即受众不赞同编码者的意图。解码的这些情形展现了受众的主观性与能动性。

另一位文化研究的代表人物约翰·菲斯克在20世纪80年代进一步提出生产型受众观,认为在大众文化的消费过程中,大众可以有意识地去抵制意识形态的控制,根据自己的社会经验去解读文本,并因此创造属于自己的理解和快感。这种解读就像是大众在生成新的文本一样,于是,从魔弹论到生产型受众,从研究媒介对受众做了什么到能动的受众，到用户可以对媒介做什么，传者中心论被打破，受众的地位上升到与文本生产者持平的位置，作为大众的角色逐渐丰满起来，被动的受众于是成为意义的生产者。

互联网不仅提供了大众作为信息接收者发表对抗式解读的平台，而且为大众作为文本生产者打开大门。就像网络文学会根据读者的留言来续写小说，甚至有读者会亲自写自己的版本。在抖音或西瓜等平台上传自己的视频，同样是作为生产者的表现。

与陌生人对话

翻译家何道宽在翻译的《无声的语言》中译序中写道:"跨文化传播(交际)这门应用学科究竟有多大意义？……我们的军事家,若能学一点比较文化,则如虎添翼,定能更好地知己知彼、运筹帷幄、决胜于千里之外。我们的外交家,若有比较文化的修养,定能更好地纵横捭阖、广交朋友,为我国建设'四化'创造一个更良好的国际环境。我们的外贸干部,如果不了解自己的文化和外国的文化,怎么能广交朋友、发展同各国人民的友谊？我们的一切直接和间接与兄弟民族打交道的同志,如果不学比较文化,怎么能促进全国各族人民的大团结？"[1]虽然这

---

[1] 爱德华·霍尔. 无声的语言. 何道宽,译. 北京:北京大学出版社,2010:5(中译序).

段话写于多年前,但关于跨文化传播的重要性的强调无论什么时候都不过时。

▶▶ 跨文化:文化适应与生活方式

➡➡ 文化与跨文化

定义最多的概念,恐怕就是"文化"了,因为文化看起来无所不包。无论如何界定,"文化不是奇异的观念,不是小群人类学精英在南太平洋的研究对象(这里影射波兰人类学家马林诺夫斯基——引者注)"[1],文化与人相关,关涉人类的生活。文化对身处其中的每个人的影响深刻而持久,它以超乎想象的方式制约甚至支配着日常生活的行为和思想。因为我们生活于其中,所以几乎意识不到"文化",就像意识不到空气的存在,尽管我们无时无刻不生活在空气中。

文化不是一个玻璃罩子,既然它关涉人类的生活,就是变动的。不同文化的人相遇,跨文化交流就开始了。所谓跨文化传播,是指不同文化背景的个体、群体或组织

---

[1] 爱德华·霍尔. 无声的语言. 何道宽,译. 北京:北京大学出版社,2010:27.

间进行的交往活动。当不同文化的人相互交流的时候,一方面各自的文化会深深影响到各自的表现,也会深深影响到自己对他人表现的评价并做出反应,另一方面,人们在表现与反馈的过程中很难警醒到自己文化的影响,很难意识到评价他人行为时需要考虑另一种文化的背景。因此,跨文化交流伴随着误解,"由于人们的文化背景不同,由于空间上的隔离,以及在思想方法、容貌服饰和行为举止上的差异,互相理解和和睦相处始终是一个难题。……在人类历史的进程中,断断续续而又自始至终地贯穿着民族间的误解和冲突——大大小小的争端,从一般的辱骂到孤立主义政策的实施,直至流血的武装冲突。[1]

➡➡ "世界是平的"

跨文化传播研究开始于20世纪50年代,而跨文化交流的实践比比皆是,如张骞出使西域、丝绸之路、鉴真东渡、郑和下西洋等。历时最长的郑和下西洋,七次航海在无意当中促进了中外不同文化、不同文明之间的交流。下西洋这种使团身份的跨文化交

---

[1] 拉里·A.萨姆瓦,理查德·E.波特,雷米·C.简恩.跨文化传通.陈南,龚光明,译.北京:生活·读书·新知三联书店,1988:2.

往带有明显的国家主体性质,不同文化之间的界限依然分明,它的发生在很大程度上取决于统治者是否愿意支持这样的活动,所以七次出海中六次发生在力图威服四方的明成祖时期,到了明英宗时期就不再派遣了。

当代是全球化时代,跨文化交流变得更加频繁。美国作家托马斯·弗里德曼在《世界是平的》里描述他在印度的所见所闻:"从来没有人这样在高尔夫球场上给我指示方向:'对准微软或IBM。'我正站在印度南部班加罗尔城市中心KGA高尔夫球场的第一杆的位置。我的搭档告诉我要对准微软或IBM的时候,他指的是远处第一洞之后的两栋熠熠生辉的玻璃钢材建筑。当时,高盛公司的大楼还没有完工,否则他肯定还会以它为标识为我指示方向。惠普和德州仪器公司的写字楼位于后九洞的方向,顺着第十洞的方向。有趣的还不止这些。开球区的记分员来自爱普生公司,我们的一个球童戴的是美国3M公司的帽子。球场外的交通标识是得州仪器公司赞助的,而路边必胜客的广告牌上印着热气腾腾的比萨饼,大标题是:'无比美味!'这里不是美国的堪萨斯州,但也不

像是在印度。"①这是 21 世纪初期全球化带来的典型场景:拜科技和通信技术的发展,外包的方式在商业领域被广泛运用,一个成品的零件可能来自世界各个地方。不仅是物的交融,全世界的人也交融在一起,并且这种交融的广度和深度前所未有。弗里德曼认为世界是平的,这个论断显然不是从地球的球形构造而来,它以一种隐喻的方式,描述了全球经济日益一体化下技术和社会变革如何碾平世界经济,让北京、班加罗尔、贝塞斯达②这些在地理上相距千万里的城市成为比邻,世界看起来变得越来越小,也越来越平。

我们常说的本土化包含对当地文化的吸纳,本土化是一种文化应对。中国的肯德基早餐不光有咖啡汉堡,还有粥、油条、热干面;在星巴克,可以买到茶饮料;在必胜客,可以吃到小龙虾比萨。这些都是对本土饮食文化的关照。但到印度,中国文化和西方文化里习以为常的牛肉没有了,取而代之的是鸡肉汉堡和素汉堡,里面浇上咖喱酱。当世界越来越平,文化的交融会越来越普遍。

---

① 托马斯·弗里德曼.世界是平的:21 世界简史.何帆,译.长沙:湖南科学技术出版社,2010:1.
② 贝塞斯达(Bethesda)是位于美国马里兰州蒙哥马利县的一个未成建制的自然聚居区,在华盛顿特区西北部,紧挨着华盛顿。

对于跨国公司来说,这成为一种必然策略。

➡➡ 留学、移民与文化休克

对于出国留学或者移民的人来说,适应另外一种文化是一个感受异文化冲击的过程。加拿大人类学家卡莱沃·奥博格认为这个过程由四个时期构成,分别是蜜月期(Honeymoon)、文化休克期(Culture Shock)、调整期(Adjustment)和适应期(Adaptation)。这四个时期构成了一个倒抛物线,其中文化休克期处于最低谷时期。

第一个时期被称为蜜月期,因为刚到达一个从未去过的国家,就像是度蜜月的新人,看什么都是新鲜而美好的,超市里琳琅满目的食材、大街上写着外文的招牌、金发碧眼的行人、公共水房里的烘干机、各种新奇的节日等,都深深地吸引着初来乍到者,令他们着迷、津津乐道。

与大多数旅游者走马观花的异文化体验不同,出国留学或者移民、派驻海外工作的人滞留的时间远长于蜜月期,在异国他乡的新奇劲儿过去后,就进入到痛苦的过渡期(也叫挫折期)。这时候游子们开始体会到离开自己熟悉的环境后的种种挫败,开始感受到在异国生活中交通、购物、饮食、语言上的种种不便,于是,困惑、难过、恐惧、焦虑、无助、矛盾等各种负面情绪油然而生。奥博格

称之为"文化休克"。

一个人离开自己熟悉的社会环境、失去了熟悉的文化符号后,心理上产生的焦虑就像经历了各种创伤的身体反应,有人形容这种感觉就像鱼离开了水。文化休克的长短与影响因人而异。相比年轻人,年长者可能一开始就处在文化休克状态。很多退休后去国外探望子女或者随着子女移民海外的父母们,会觉得在国外的每一天都度日如年。我们能在很多影视作品里看到这种进入到他者文化里的休克状态,比如著名导演李安的"父亲三部曲"中的《推手》(1991)。擅长太极的北京人老朱退休后被儿子接到美国生活,与居家创作的美国儿媳妇诸多不和。他不会使用微波炉,不会英语,没有人跟他聊天,每天过着孤单的生活,唯有儿子和孙子回家后还能有一丝慰藉,但儿子已经和他聊不到一起,夹在父亲与妻子中间左右为难的儿子想把老朱送到养老院;孙子还只是一个孩子,也根本无法理解他内心的苦闷。这就是老朱经历的文化休克期。

一般来说,经历过文化休克的大多数人都会进入到调整期,这个阶段是进行自救的过程,努力与焦虑对抗、顺应陌生文化,让自己的生活走入正轨。这种适应也许是从食物开始,因为吃不惯异乡的饭菜,留学生往往最先学会的是做饭；也许是从学开车开始，因为在很多国外的小镇里没有汽车，出行会变得特别困难；也许是从说"Hello"开始。学做西红柿炒鸡蛋是在向自己的文化求助；而学开车和学说英语则是从旧有文化向新的文化靠拢。这两种方式相比较，后者更具有跨出去的意味，也因此更难。

调整期后，人们终于进入到最终的阶段即融入期或者适应期。当语言过关，能够自如地跟当地人交流、熟悉了自己看不惯的环境、开始对当地人的生活习惯习以为常并且保持一致时，生活恢复到一种新常态。

➡➡ 社交媒体上的跨文化传播

在社交平台里不同文化的展示产生的影响往往远远超过了线下。例如，YouTube上有很多中国博主拥有几百万甚至上千万的粉丝，他们的作品点击量都非常高，一位视频博主以一己之力让几千万外国人重新认识中国，这并不夸张。

中国的社交媒体平台上有很多"洋网红"，他们基本都有在中国生活、工作或学习的经历，甚至有一些定居中国。他们不仅出现在中国社交媒体上，也在类似YouTube、Facebook等平台上发布作品。天然的他者属性与

中国经历结合在一起,使他们的视频有非常丰富的主题,不仅有各自所在国家的文化分享、讲述自己去第三方国家的所见所感,还有讲述自己在中国经历的人与事,介绍自己在中国生活的环境,分享中国的美食、经济发展、科技产品,讨论中外差异等内容。他们中很多人是与MCN(多频道网络)合作的专业网红,但客观上还是成了中外民间文化交流的载体。

原来少有渠道向外界展示自己民族或地区文化的人,也可以用短视频来记录自己民族的独特文化和生活方式。现在,通过短视频平台展示少数民族文化、参观非遗作品已成为越来越普遍的跨文化传播路径,它们甚至成为短视频平台上的常见标签。

▶▶ 文化代码

➡➡ 高语境与低语境

对于西方人来说,东方文化充满了神秘和玄机,尤其是中国文化,有很多只可意会不可言传的奥妙。事实上也的确如此,不同文化的交流在很大程度上与交流时的社会文化环境和具体时空有密切关系,换一个时间地点,信息传递的意义就可能大相径庭。霍尔在比较中西交流的差异时，将这种高度依赖语境的文化称为高语境文化。所谓语境，即交流的场合。高语境文化意味着交流的时候，交流的场合会影响对同样的话语表述的理解，因此高语境文化里包含着内隐含蓄的暗码信息。例如，我们在被夸奖时常回话说"哪里哪里"，我们古人在郁郁不得志时会说"感时花溅泪，恨别鸟惊心"。还有很多非言语信息，就像酒席上来宾会因为坐在哪里、谁先坐谁后坐而再三谦让，座次不仅与主人有关，座位朝向、敬酒时相互碰杯时杯沿的高低都包含了尊卑的自我认知。

在相对应的低语境文化里，语境相对不那么重要，因为语言本身信息已经非常明确。国际会议里常常采用圆桌会议，以巧妙地避免对语境的依赖，因为来参加会议的成员来自不同国家，如果在座次安排上需要有身份和地位的区分，估计还没开会，会员们就会纷争四起了。虽然国际会议里各国的实际话语权的确有差异，但圆桌会议包含的参与者平等协商的意味，至少在无座次上体现了出来。

在高语境文化里的人，无论是说者还是听者，都需要有更多的揣测，说者需要考虑怎么隐晦表达，既不失彼此身份又能够让对方听懂，而听者需要审时度势，做听话听音的"明白人"。在高语境文化里做听者不容易，因为听

者需要承担保证交流顺利进行的责任，否则就是对牛弹琴，交流没办法进行下去了。在低语境文化里生活的人，看起来要轻松很多，双方都直截了当、不兜圈子。如果听者没听明白，那应该是说者的责任，因此说者需要承担更多保证交流顺利进行的责任。

中国文化被看作典型的高语境文化，美国文化被认为是典型的低语境文化，这样的判断可以得到诸多印证。不过也要留意，文化本身是复杂多样的，即使是被划归到同一高低语境的文化之间，仍然会存在较大的差异。文化会与时俱进，相互影响，就像"中国人说不"，直接拒绝是低语境的典型交际表现。显然，高低语境区分只是相对而言的。

➡➡ 有声与沉默的语言

我们之前在人际传播中说过，无声的语言非常重要，这些无声的眼神、撇嘴、眨眼、挠耳朵、打哈欠，都是在传递某种态度。在跨文化传播中，这些无声的语言更重要，因为在不同的文化里对这些无声语言的解读有可能完全相反，所以它们带来的误解可能更深。

霍尔曾提到"时间的声音"。时间可以表示交往场合的重要性，也可以表示交往的层次，所以时间是会说话的。霍尔讲述了发生在南太平洋小岛上的土著人与白人监工之间关于时间的故事:白人监工雇用当地人时,不知道需要雇用多少人才能符合当地传统的地位体系,结果导致雇用的两拨人不是太多就是太少。"这个错误使全岛的土著人激动不已。既然美国白人始终没有察觉,没按照当地的习惯雇人,两派人的首领就在一天晚上会务商讨重新分配工作的可行方案。最终达成决议后,他们一道去见工厂经理,想把他叫醒,告诉他已经做出的决定。不幸的是,那时正值凌晨两点多钟。他们根本不知道,在这时唤醒美国人意味着万分紧急的事情。不出所料,那个美国人既不懂当地的语言,也不懂当地的文化,更不懂喧哗的意思,而是以为发生了暴乱。于是,他急忙请来海军陆战队。他根本就没有想到,不同的时间对当地人的意义和对他的意义完全不一样。"[1]

有时语言不通也不妨碍交流。人类学家格尔茨曾在20世纪50年代去巴厘岛从事研究,当时巴厘人居住的村庄是一个小而偏远的封闭世界,因此格尔茨被认为是外来的闯入者:"村民们视我们如他们一贯对待不属于他们

---

[1] 爱德华·霍尔.无声的语言.何道宽,译.北京:北京大学出版社,2012:7-8.

的生活部分而又把自己强加于他们的人一样：仿佛我们并不在那儿。"①村民们对他们视而不见，避免与他们发生任何包括眼神的接触，但同时又掌握着大量关于他们的信息。有一天，当格尔茨夫妇去公共广场围观一场大规模斗鸡活动时，警察前来驱散这个非法活动，本来他们作为外国人是根本不用担心的，但他们也跟着四处逃散的巴厘人一起狂奔，并躲到一家人的院子里。因为这个遭遇，整个村子都对他们开放了，他们"不仅不再被视而不见，甚至突然间成了所有人注意的中心，成了热情、兴趣特别是快乐大量倾注的对象。"②大家围着他们夫妻俩一遍遍问事情的经过，津津乐道地模仿他们逃跑时的样子和表情。他们就通过这种被取笑的方式被巴厘人接纳了。

格尔茨的这个有趣的跨文化经历中包含了几乎所有人际交往中的有声与无声的语言，尽管各自属于完全不同的文化，但彼此要传递的内容都被对方准确解读了。村民们一开始不接纳格尔茨的行为被格尔茨准确捕捉

---

① 克利福德·格尔茨.文化的解释.韩莉,译.南京:凤凰传媒出版集团,2008:424.
② 克利福德·格尔茨.文化的解释.韩莉,译.南京:凤凰传媒出版集团,2008:428.

到,而后来村民们取笑他们的行为也被格尔茨准确地理解到——这是一种接纳的方式。所以在跨文化语境中语言本身不一定是交流的障碍,真正的障碍在于不同的理解。

➡➡ 文化身份

2021年,坦桑尼亚裔英国移民作家阿卜杜勒拉扎克·格尔纳爆冷成为诺贝尔文学奖得主。很多人猜测他凭什么脱颖而出,有人说诺贝尔奖评委倾向于那些具有多元文化身份认同的作家,而格尔纳恰好具有移民作家与英语作家双重身份;也有人说是因为他的作品持续关注移民问题,他笔下的人物总是在不断寻找和适应自己的身份。这两个猜测很有趣地指向了同一个概念,即文化身份。

文化身份是一个人对于自身属于某个社会群体的认同,这个群体具有相似的文化属性,并通过语言、宗教、节日、传统等文化形式显现出来。所以它体现了一种对共有文化的认同。少数民族有自己的语言甚至文字,这些语言不仅是民族内部相互沟通的工具,更是确认自己民族归属的重要标志,因为语言包含着一个民族共有的历史、生活痕迹,甚至思维方式。这些是一个民族共有的财

富,也是一个民族独有的特征。如果一个人不会自己民族的语言,那在族人看来就不是一个完全的成员了。

每个民族不仅有自己的语言,还有自己的节日和风俗,这些风俗和生活习惯构成了不同民族之间的巨大差异,也因此成为民族成员自我确认和辨识彼此的标准,知道"我是谁""你是谁"。

在保有自己民族语言的同时,学好汉语也是各民族的共同愿望。"中华民族"这个概念由梁启超在 1901 年提出,孙中山成立国民政府后将它作为重要理念和行动纲领。不同民族虽然因为历史、居住地、气候、交通的关系而形成各自的风俗习惯、语言口音,但中华民族是一家人。

今天,我们提出铸牢中华民族共同体意识,更是对我们共有的文化身份的认同。2021 年,习近平在中央民族工作会议上提出:"铸牢中华民族共同体意识,就是要引导各族人民牢固树立休戚与共、荣辱与共、生死与共、命运与共的共同体理念。铸牢中华民族共同体意识是维护各民族根本利益的必然要求,只有铸牢中华民族共同体意识,构建起维护国家统一和民族团结的坚固思想长城,各民族共同维护好国家安全和社会稳定,才能有效抵御各种极端、分裂思想的渗透颠覆,才能不断实现各族人民对美好生活的向往,才能实现好、维护好、发展好各民族根本利益。"[1]

文化身份不仅是群体共有的,同时它还是多样交叉的。对于一个藏族女孩子来说,中国人是一种文化身份,藏族是她的另一种文化身份。这些文化身份有包含关系,这种包含关系一般不会造成困扰,所以她既过藏历新年,也过春节。同时她还可能热衷Cosplay,所以她既喜欢跟自己的族人一起跳锅庄舞,也喜欢和志同道合的朋友一起扮演动漫角色,在这两个群体中她都可以有归属感。这种归属感就是对自己文化身份的认同表现。

文化身份的集体性特征能带来安全感和归属感,一旦失去了文化身份或者这种文化身份不确定了,这种安全感和归属感就消失了,作为个体的人就会变得焦虑不安。为了重新获得安全感和归属感,就需要重新确认自己的文化身份,但这个过程并不容易,尤其是当多重文化身份相互矛盾的时候。这种矛盾尤其体现在移民身上。移民没有办法完全卸下旧有的文化身份,也没有办法完

---

[1] 新华社.习近平出席中央民族工作会议并发表重要讲话.(2021-08-28).中国政府网.

全融入新的社会，无论是第一代还是第二代都是如此，所以他们只能不停地在现在与过去、现实与回忆之间游走。小说《追风筝的人》里描述的阿富汗移民阿米尔就是如此，虽然身在美国，却不能真正融入美国文化，但是又回不去阿富汗。

文化身份如此引人注意，以至于有很多作家用笔墨去探讨它的存在和引发的诸多问题。同时我们需要留意，文化身份不是自然存在的，它处于一种不断被建构的过程中，因为它也是需要不断去维护的。

➡➡ 文化折扣

在好莱坞大片进入我们院线的时候，越来越多的中国电视剧，尤其是宫廷剧也在出口至东南亚，甚至非洲、美洲。相比较，这些古装剧在东南亚受欢迎的程度更高。因为西方人面临很多理解上的困境：要看懂宫廷剧首先就需要对中国古代社会的官场规则、皇族等级关系有清晰的了解。而且宫廷戏中有太多隐而不露的隐晦表达，这些表达是我们中国人心领神会的，但翻译成英文后，即使做到了信达雅，西方人也往往一头雾水。比如宫廷戏总是离不开朝廷与后宫之间的千丝万缕，我们熟知的后、妃、嫔、才人、答应等后宫不同身份，很难有对应的翻译。

不清楚之间的等级关系，要理解相互之间的争权夺利就比较困难。所以即使外国人着迷我们的文化，和我们一样爱看《甄嬛传》，也会因为文化差异而有很多他们没法理解的部分，他们更爱看的可能只是浮于表面的华丽服饰、精致妆容，以及气势恢宏的宫殿。这就是文化折扣。

加拿大学者科林·霍斯金斯和罗尔夫·米卢斯最先提出"文化折扣"（Cultural Discount）的概念，指类似电视节目这样的媒介产品在出口到另一个国家后，对当地受众的吸引力同在本地的吸引力相比，不会很高，因为当地受众很难理解它的价值观、信念、社会制度、行为方式、生活方式、语言等[1]。

现在提到文化折扣时，已经将它从媒介产品交易的产业领域，转而泛指所有跨文化传播，被折扣的不仅是一种市场价值，更多的是指误解和误读等非正面的评价。这种文化折扣现象几乎遍布跨文化的所有领域。在中国的留学生常吐槽听不懂课堂笑话；中国人听美国的脱口秀也常觉得一点都不好笑，可是美国人却心领神会。对外文化的人来说，这些课堂笑话和脱口秀的效果是"打了

---

[1] C. Hoskins, R. Mirus. Reasons for the US dominance of the international trade in television programmers. Media, Culture & Society, 1988 (4): 499-504 & 500.

折扣"的。没有悠久历史的美国文化尚且可能会造成文化折扣,更何况我们源远流长的文化,所以中国媒介产品在走出去的过程中往往会遭遇更多的折扣。

要减少折扣不是一蹴而就的事,因为造成文化折扣的因素是综合的。找到文化基础、意识形态、价值取向中的共性部分,选择合适的话题和类型,借鉴通用的国际化表达方式,同时还能坚持自己的传统风格和特色,这些都关系到能否实现传播效果的最大化。

▶▶ 文化中的他者

跨文化传播中总存在着他者,视谁为他者与如何看待他者的问题同等重要。视谁为他者的问题如果被置换成"对白人来说真正的他者是而且将是黑人。反之亦然"[1]的表述,我们是否能警醒到其中的殖民种族主义?在如何看待他者的问题上,奥地利哲学家马丁·布伯说,关系分为两种,一种是我与你,另一种是我与它。我们应该选择哪一种?

---

[1] 罗刚,刘象愚. 后殖民主义文化理论. 北京:中国社会科学出版社,1999:212.

➡➡ **从丝绸之路到"一带一路"**

公元前 139 年,汉武帝第一次派张骞出使西域,长安、甘肃、新疆,到中亚、西亚,并连接地中海各国的路上交通由此慢慢打开,这条从汉朝通往西域的道路就是历史上有名的丝绸之路。从此,中国的丝绸、漆器、茶叶、铸铁等被运往西亚和欧洲,而珠宝、玻璃器皿、汗血马、石榴等经这条通道进入中原。

因为张骞的巨大贡献,他被称为"东方的哥伦布"。张骞与哥伦布都是具有探险精神的冒险家,但两者最大的区别在于哥伦布是殖民主义者,而张骞不是。1492 年哥伦布第一次航行时只有 3 艘船和 120 名船员,到达维京群岛时,他与当地人相处融洽,"说话的语调是全世界最柔和的",但是到 1494 年他带着武器和 17 艘船回到维京群岛时,他的态度完全改变,"岛民带着水果与鱼肉迎接,哥伦布和他的船员以及狗却粗暴地接管这些岛屿。任意屠杀、强奸与奴役岛民,甚至一时兴起就将土著的鼻子、耳朵割下来。许多土著自杀并且杀掉自己的小孩,以免遭受入侵的基督徒凌辱。……哥伦布时代的西班牙刚经过一场大屠杀,历经了 700 年的战争,刚从摩尔人手中夺回领土,而战士文化已经在西班牙征服者的价值观中

生根。他们搜捕异教徒与非基督徒,折磨凌辱之后,绑在桩上烧死、送上绞刑架上吊死,或者砍头,或者剥皮。哥伦布是这个时代与这种文化的代表人物,他用残忍的手法对付他在新大陆所发现的人。"[1]在这些土著眼中,哥伦布和船员是他者,这些他者是远道而来的客人,所以他们盛情款待;在哥伦布眼中,这些土著也是他者,但却是异类,所以可以以残暴的方式去征服。

张骞第一次出使西域是奉汉武帝之命联络大月氏以谋东西夹攻抗击匈奴,并非文化目的,但是他的出使为后面陆上丝绸之路的开辟打通了道路。丝绸之路不仅是实质物质的贸易往来之路,也是汉朝和西域文化、中国与西亚文化、中国与欧洲文化在语言、文字、宗教、礼乐、生产技术等诸多方面的交流之路。在他以及他之后的若干年直到清朝闭关锁国之前,丝绸之路在跨文化上的交流上一直起着重要作用。张骞回国后被封为"博望侯"。司马迁在《史记·大宛列传》说:"然张骞凿空,其后使往者皆称博望侯,以为质于外国,外国由此信之。"[2]这句话说明

---

[1] 德博拉·海登.天才、狂人与梅毒.李振昌,译.南昌:江西人民出版社,2016:5.
[2] 司马迁.史记:第六册.李翰文,编.北京:北京联合出版公司,2016:6247.

张骞在与西域诸国相处时绝对不像哥伦布那样是一个掠夺者和残忍的征服者，而是彼此以礼相待，寻求共赢。正因为他的良好声誉，在他之后的使者才会都打着他的"博望侯"名号，而西域诸国也才会信任他们。这种被唐代宰相魏征评价为"宏放"的文化追求不仅是张骞具有的，也是丝绸之路绵绵若干朝代一直致力于追求的动机。

2013年，习近平在访问哈萨克斯坦时重提丝绸之路，倡议共建丝绸之路经济带。这就是今天的"一带一路"。中国与沿线国家经济合作、政治互信、文化包容，这种关系延续了张骞"宏放"的追求。这也很好地诠释了彼此之间"我-你"的关系，不是黑人与白人的对立，也不是"我-它"的利用与被利用的工具关系，而是不同国家构建起一个命运共同体，大家休戚与共，共同繁荣。

➡➡ **迪斯尼的公主们**

每个小女孩心中都有一个公主梦。这个公主长什么样呢？

如果在20世纪30年代，公主一定是正统皇族血统的白人女孩，她有白雪一样的肌肤、乌木一样的黑发。迪斯尼在20世纪30年代塑造的第一个公主形象就是美丽的白雪公主，她的美甚至是整个故事的起因。到20世纪

50年代，公主应该是像睡美人奥罗拉公主一样血统纯正，有着一头像阳光般闪闪发亮的金发和紫罗兰一样的眼睛的女孩，或者至少也应该像灰姑娘仙德瑞拉一样是一个美丽、善良的完美金发少女。

但是，公主形象也在慢慢改变。现在迪斯尼登记入册的公主不再是白人文化圈定的形象了，这些公主开始来自全世界，有不同的文化背景，她们也不一定有皇族血统，并且带着自己文化的深深烙印：不需要公主配王子的阿拉伯公主茉莉；责任远胜爱情的印第安部落酋长女儿宝嘉康蒂；我们熟悉的"双兔傍地走，安能辨我是雄雌"的普通姑娘花木兰；一心想开餐厅的黑人服务员蒂安娜；擅长射箭、不修边幅的苏格兰公主梅莉达；有着魔法的北欧公主爱莎；波利尼西亚酋长女儿莫阿娜……

花木兰替父从军，她身上的孝是中国传统家庭文化中重要的部分；宝嘉康蒂拒绝爱人，选择留下来，她身上的集体责任是印第安部落文化的重要部分。这些文化对于美国文化来说，是一种"他者"，但它们不再是被排斥的他者文化，而是迪斯尼公主个性的一面。勇敢追求幸福、个性独立、不优雅的公主形象成为每一个女孩可以触手可及的对象，这些形象也是对现实文化交融的一种隐射。不同种族、不同性别、不同阶层之间的平等越来越成为一种文化共识,所以公主与王子的配对组合被打破,不同身份的人也可以相亲相爱;女性不仅可以拯救自己,还敢于追求自己的梦想,甚至保家卫国。

同时我们也需要看到,这些"他者"元素的运用从根本上来说依然是迪斯尼开拓市场的一种全球化策略,与其他好莱坞电影中对其他国家元素的运用一样,这种运用中包含着对他者文化的挪用与拼贴。电影《花木兰》中的替父从军行为包含着孝,但更多包含着美国文化中的个人价值,《海洋奇缘》里拯救族群的莫阿娜也依然带有美国影片中惯用的力挽狂澜的英雄气质,这些文化融合的手段都是出于全球传播的战略需要。

➡➡ "小萝莉的猴神大叔"

如果你看过 2015 年印度公路片《小萝莉的猴神大叔》,一定会记得片中单纯的男主角帕万。这个被称为猴神叔叔的虔诚印度教教徒偶遇一个与父母走散后跟着货车来到印度的巴基斯坦女孩沙希达(莫妮)。因为这个女孩有语言障碍,所以帕万以为她是印度女孩,但很快就发现她不仅是个吃牛肉的穆斯林,还来自敌国巴基斯坦。印度和巴基斯坦常年战争,印度教与伊斯兰教自中世纪就冲突不断。面对国家矛盾和宗教冲突,帕万却做出让

所有人吃惊的决定：护送她回巴基斯坦。电影最后，帕万历经千难万险，终于完成任务。在他离去时，沙希达面对帕万的背影喊出了她人生的第一句话："叔叔！"

这部影片有很多让人捧腹大笑的场景，同时也触动了很多人的泪点。人们感动的是帕万在所谓的"大是大非"面前选择了顺应自己的内心。不同国家甚至是敌对国家的人民能够跨越各种界限，用爱去交流，这样才会有和平的世界。

无论是身处异文化，还是与进入到自己文化圈的他者相遇，不回避这种交流，并在其中保有自己的"内心"（良心），这是跨越彼此界限最重要的基础。它意味着不断放下成见，就像帕万一开始看到沙希达长得白白净净就认定她是婆罗门，这中间包含着印度种姓等级的偏见，所以沙希达吃鸡肉的场景深深震撼到他。但他也接受了她是刹帝利的事实（尽管也不是事实），并且愿意为她去非素食餐厅，让她可以快乐地吃到鸡肉，并因此虔诚地向神坦白。当看到沙希达在清真寺里祷告时，帕万惊慌地跑出寺庙，觉得沙希达欺骗了自己。在发现沙希达居然还是个巴基斯坦人后，他迫于准岳父的压力把沙希达交给答应送她回巴基斯坦的旅行社，从而恢复自己平静的生活。可是发现旅行社想把沙希达卖掉时，他毫不犹豫地决定自己送她回家,哪怕没有护照、签证,甚至没有一个认识的巴基斯坦人。在种姓、宗教信仰和国家冲突中,他的成见和矛盾显而易见,但是他能够越过这些,尊重她的出身、信仰和国籍,并倾尽全力去帮助她。这个过程看起来是一个有力量的人在帮助另一个弱者,但这种帮助其实也是双向的,尽管两个人没有语言交流,但是她信任帕万叔叔,帕万也在感受沙希达对自己的依赖与信任,就像帕万在帮助沙希达回家的时候说,"我为你寻找家,我也找到了自己"。

➡➡ 各美其美,美美与共

每个大学都有自己的校训,它代表学校的治学理念,也包含学校师生共同遵循的行为准则,在诸多的校训中,中央民族大学的校训比较特别:"美美与共,知行合一。"这个校训中的"美美与共"出自费孝通先生1990年参加日本召开的东亚社会研究讨论会上做的题为"人的研究在中国——个人的经历"的演讲。他在演讲中论述文化自觉时提出"各美其美,美人之美,美美与共,天下大同"。其中"各美其美"指各个民族弘扬自己的文化传统,"美人之美"指不同民族与文化之间欣赏他人之美并且相互学习,"美美与共"指各种文化能够互相包容、和而不同,从

而建立一个相互融合的大同的社会。

2004年,费孝通先生还专门阐释了"美美与共",以下是他在《"美美与共"与人类文明》一文中的节选[1]:

前几年,我提出了"各美其美、美人之美、美美与共、天下大同"的设想,这是我的心愿。要想实现这几句话,还要走很长的路,甚至要付出沉重的代价。比如要做到"各美其美、美人之美",也就是各种文明教化的人,不仅欣赏本民族的文化,还要发自内心地欣赏异民族的文化;做到不以本民族文化的标准,去评判异民族文化的"优劣",断定什么是"糟粕",什么是"精华"。

要达到这样的境界并不容易,比如当今世界上许多发展中国家,历史上大多遭受过西方殖民主义的欺凌,这些国家的民众,由于受一种被扭曲的心理的影响,容易产生两种截然相反的倾向:一种是妄自菲薄,盲目崇拜西方;一种是闭关排外,甚至极端仇视西方。目前,这种仇视西方的状况似乎已经酝酿成一股社会潮流。从另一方面说,作为强势文明的发达国家,容易妄自尊大,热衷于搞"传教",一股脑地推销自己的"文

---

[1] 费宗惠,张荣华.费孝通论文化自觉.呼和浩特:内蒙古人民出版社,2009:272-273.

明",其实这样做会蒙住自己的耳目,成了不了解世界大势的井底之蛙。中国的历史上,也出现过"盲目崇拜"和"闭关排外"的现象。希望今天的中国学术界,能够彻底抛弃妄自菲薄、盲目崇拜西方或者妄自尊大、闭关排外的心理。

中华文明经历了几千年,积聚了无数先人的聪明智慧和宝贵经验,我想我们今天尤其需要下大力气学习、研究和总结。面对今天这种"信息爆炸"、形形色色"异文化"纷至沓来的时代,我们需认真思考怎么办。全盘接受、盲目排斥都不是好的办法,我们应该用一种理智的、稳健的,不是轻率的、情绪化的心态来"欣赏"它。要知道,不论哪种文明,都不是完美无缺的,都有精华和糟粕,所以对涌进来的异文化我们既要"理解",又要有所"选择"。这就是我说的"各美其美、美人之美、美美与共"。

理解了费孝通先生关于"美美与共"的阐释,我们就会明白美美与共是人类交往的终极状态,它不是一种文化压倒另一种文化,"人类生活之所以意义隽永、丰富多彩,乃是因为复杂的文化系统中存在亿万种可

能的组合"①,也不是丢掉自己的文化去盲从他者的文化。在文化自觉的基础之上尊重与保护自己的文化以及他者的文化,才能够维护我们人类共有的这种丰富而隽永的生活。

---

① 爱德华·霍尔.无声的语言.何道宽,译.北京:北京大学出版社,2012:143.

结 语

什么是新闻传播学？马克思和恩格斯作为19世纪的新闻工作者和人类传播的研究者，有很多精辟的论述。

关于人类的传播，他们用历史唯物主义做了深刻的论述，写道："生产本身又是以个人彼此之间的交往为前提的。这种交往的形式又是由生产决定的。""每一个单个人的解放的程度是与历史完全转变为世界历史的程度一致的。至于个人在精神上的现实丰富性完全取决于他的现实关系的丰富性……只有这样，单个人才能摆脱种种民族局限和地域局限而同整个世界的生产（也同精神的生产）发生实际联系，才能获得利用全球的这种全面的

生产(人们的创造)的能力。"①

关于报纸工作和哲学的差异,马克思写道:"哲学,尤其是德国哲学,爱好宁静孤寂,追求体系的完满,喜欢冷静的自我审视,所有这些,一开始就使哲学同报纸那种反应敏捷、纵论时事、仅仅热衷于新闻报道的性质形成鲜明对照。"②

关于新闻事业,恩格斯说:"新闻事业,特别是对于我们这些天性不那么灵活的德国人(因此犹太人在这方面也'胜过'我们)来说,是一个非常有益的学校,通过这个工作,你会在各方面变得更加机智,会更好地了解和估计自己的力量,更主要的是会习惯于在一定期限内做一定的工作。但是,从另一方面看,新闻事业使人浮光掠影,因为时间不足,就会习惯于匆忙地解决那些自己都知道还没有完全掌握的问题。"③

马克思和恩格斯的论述给予我们很多思考。100多

---

①中共中央马克思恩格斯列宁斯大林著作编译局.马克思恩格斯文集:第一卷.北京:人民出版社,2009:520,541-542.
②马克思,恩格斯.马克思恩格斯全集:第1卷.中共中央马克思恩格斯列宁斯大林著作编译局,编译.2版.北京:人民出版社,1995:219.
③马克思,恩格斯.马克思恩格斯全集:第37卷.中共中央马克思恩格斯列宁斯大林著作编译局,编译.北京:人民出版社,1971:318-319.

年过去了,新闻传播学已经形成了学科。目前,我们面临着新的问题。2023年高考后,关于要不要报考新闻学科的话题引发网络热议。的确,互联网以及新媒体业态给传统新闻业带来了颠覆性的冲击,从事新闻传播工作的门槛似乎大大降低,传统媒体行业面临严峻的挑战,这些都是不争的事实。

但今天的新闻传播教育培养的不仅是职业传播者和专业人才,也肩负着培养公共传播人才、提升全体民众的媒介素养与传播能力的责任,因此新闻传播培养的不仅是采写编评这些在市场驱动下可以速成或自学成才的专业技能,更重要的是培养追寻真相的执着与能力、对真实和客观的敬畏、对人格的向往。从这个角度来说,它依然是一个有活力、有前景的专业。

作为数字化网络时代里成长起来的一代,你们早已经是新闻与传播活动的践行者,在技术方面,你们甚至形成了一种与父辈之间的反哺关系。因为你们参与内容的生产,新闻与传播现象才如此绚烂多彩,充满生机活力,就像《后浪》里说的,"你们正在把传统的变成现代的,把经典的变成流行的,把学术的变成大众的,把民族的变成

世界的"①,这些构成了传播实践川流不息的河流,这些也正是新闻学与传播学关照现实的常青源泉。

同时,你们也依然是新闻与传播活动的接收者,因此在各种令人眼花缭乱的新闻、广告、短视频、国际大片、@或#面前,你们需要有足够的警醒意识、质疑能力和批判精神去进行选择、评估、理解和接收。作为接收者或者用户,与传播者之间的博弈始终存在。

这两种身份交集的密集程度前所未有,这也意味着需要承担更多的责任。就像《蜘蛛侠》里说的,"能力越大,责任越大"。这个责任不单是作为个人修身的责任,也是作为社会公民的一分子去维护良好传播环境的责任,更是作为国家的一分子去传播中国声音的责任。

---

① 西城知道. 哔哩哔哩青年宣言片《后浪》演讲全文.(2020-05-06).搜狐网.

"走进大学"丛书书目

什么是地质？	殷长春	吉林大学地球探测科学与技术学院教授（作序）
	曾 勇	中国矿业大学资源与地球科学学院教授
		首届国家级普通高校教学名师
	刘志新	中国矿业大学资源与地球科学学院副院长、教授
什么是物理学？	孙 平	山东师范大学物理与电子科学学院教授
	李 健	山东师范大学物理与电子科学学院教授
什么是化学？	陶胜洋	大连理工大学化工学院副院长、教授
	王玉超	大连理工大学化工学院副教授
	张利静	大连理工大学化工学院副教授
什么是数学？	梁 进	同济大学数学科学学院教授
什么是统计学？	王兆军	南开大学统计与数据科学学院执行院长、教授
什么是大气科学？	黄建平	中国科学院院士
		国家杰出青年基金获得者
	刘玉芝	兰州大学大气科学学院教授
	张国龙	兰州大学西部生态安全协同创新中心工程师
什么是生物科学？	赵 帅	广西大学亚热带农业生物资源保护与利用国家重点实验室副研究员
	赵心清	上海交通大学微生物代谢国家重点实验室教授
	冯家勋	广西大学亚热带农业生物资源保护与利用国家重点实验室二级教授
什么是地理学？	段玉山	华东师范大学地理科学学院教授
	张佳琦	华东师范大学地理科学学院讲师
什么是机械？	邓宗全	中国工程院院士
		哈尔滨工业大学机电工程学院教授（作序）
	王德伦	大连理工大学机械工程学院教授
		全国机械原理教学研究会理事长

什么是材料？	赵　杰	大连理工大学材料科学与工程学院教授
什么是自动化？	王　伟	大连理工大学控制科学与工程学院教授
		国家杰出青年科学基金获得者（主审）
	王宏伟	大连理工大学控制科学与工程学院教授
	王　东	大连理工大学控制科学与工程学院教授
	夏　浩	大连理工大学控制科学与工程学院院长、教授
什么是计算机？	嵩　天	北京理工大学网络空间安全学院副院长、教授
什么是土木工程？		
	李宏男	大连理工大学土木工程学院教授
		国家杰出青年科学基金获得者
什么是水利？	张　弛	大连理工大学建设工程学部部长、教授
		国家杰出青年科学基金获得者
什么是化学工程？		
	贺高红	大连理工大学化工学院教授
		国家杰出青年科学基金获得者
	李祥村	大连理工大学化工学院副教授
什么是矿业？	万志军	中国矿业大学矿业工程学院副院长、教授
		入选教育部"新世纪优秀人才支持计划"
什么是纺织？	伏广伟	中国纺织工程学会理事长（作序）
	郑来久	大连工业大学纺织与材料工程学院二级教授
什么是轻工？	石　碧	中国工程院院士
		四川大学轻纺与食品学院教授（作序）
	平清伟	大连工业大学轻工与化学工程学院教授
什么是海洋工程？		
	柳淑学	大连理工大学水利工程学院研究员
		入选教育部"新世纪优秀人才支持计划"
	李金宣	大连理工大学水利工程学院副教授
什么是海洋科学？		
	管长龙	中国海洋大学海洋与大气学院名誉院长、教授
什么是航空航天？		
	万志强	北京航空航天大学航空科学与工程学院副院长、教授
	杨　超	北京航空航天大学航空科学与工程学院教授
		入选教育部"新世纪优秀人才支持计划"

什么是生物医学工程？		
	万遂人	东南大学生物科学与医学工程学院教授
		中国生物医学工程学会副理事长（作序）
	邱天爽	大连理工大学生物医学工程学院教授
	刘 蓉	大连理工大学生物医学工程学院副教授
	齐莉萍	大连理工大学生物医学工程学院副教授
什么是食品科学与工程？		
	朱蓓薇	中国工程院院士
		大连工业大学食品学院教授
什么是建筑？	齐 康	中国科学院院士
		东南大学建筑研究所所长、教授（作序）
	唐 建	大连理工大学建筑与艺术学院院长、教授
什么是生物工程？	贾凌云	大连理工大学生物工程学院院长、教授
		入选教育部"新世纪优秀人才支持计划"
	袁文杰	大连理工大学生物工程学院副院长、副教授
什么是哲学？	林德宏	南京大学哲学系教授
		南京大学人文社会科学荣誉资深教授
	刘 鹏	南京大学哲学系副主任、副教授
什么是经济学？	原毅军	大连理工大学经济管理学院教授
什么是经济与贸易？		
	黄卫平	中国人民大学经济学院原院长
		中国人民大学教授（主审）
	黄 剑	中国人民大学经济学博士暨世界经济研究中心研究员
什么是社会学？	张建明	中国人民大学党委原常务副书记、教授（作序）
	陈劲松	中国人民大学社会与人口学院教授
	仲婧然	中国人民大学社会与人口学院博士研究生
	陈含章	中国人民大学社会与人口学院硕士研究生
什么是民族学？	南文渊	大连民族大学东北少数民族研究院教授
什么是公安学？	靳高风	中国人民公安大学犯罪学学院院长、教授
	李姝音	中国人民公安大学犯罪学学院副教授
什么是法学？	陈柏峰	中南财经政法大学法学院院长、教授
		第九届"全国杰出青年法学家"
什么是教育学？	孙阳春	大连理工大学高等教育研究院教授
	林 杰	大连理工大学高等教育研究院副教授

什么是体育学？	于素梅	中国教育科学研究院体育美育教育研究所副所长、研究员
	王昌友	怀化学院体育与健康学院副教授
什么是心理学？	李焰	清华大学学生心理发展指导中心主任、教授（主审）
	于晶	曾任辽宁师范大学教育学院教授
什么是中国语言文学？		
	赵小琪	广东培正学院人文学院特聘教授
		武汉大学文学院教授
	谭元亨	华南理工大学新闻与传播学院二级教授
什么是新闻传播学？		
	陈力丹	四川大学讲席教授
		中国人民大学荣誉一级教授
	陈俊妮	中央民族大学新闻与传播学院副教授
什么是历史学？	张耕华	华东师范大学历史学系教授
什么是林学？	张凌云	北京林业大学林学院教授
	张新娜	北京林业大学林学院副教授
什么是动物医学？	陈启军	沈阳农业大学校长、教授
		国家杰出青年科学基金获得者
		"新世纪百千万人才工程"国家级人选
	高维凡	曾任沈阳农业大学动物科学与医学学院副教授
	吴长德	沈阳农业大学动物科学与医学学院教授
	姜宁	沈阳农业大学动物科学与医学学院教授
什么是农学？	陈温福	中国工程院院士
		沈阳农业大学农学院教授（主审）
	于海秋	沈阳农业大学农学院院长、教授
	周宇飞	沈阳农业大学农学院副教授
	徐正进	沈阳农业大学农学院教授
什么是医学？	任守双	哈尔滨医科大学马克思主义学院教授
什么是中医学？	贾春华	北京中医药大学中医学院教授
	李湛	北京中医药大学岐黄国医班（九年制）博士研究生
什么是公共卫生与预防医学？		
	刘剑君	中国疾病预防控制中心副主任、研究生院执行院长
	刘珏	北京大学公共卫生学院研究员
	么鸿雁	中国疾病预防控制中心研究员
	张晖	全国科学技术名词审定委员会事务中心副主任

什么是药学？	尤启冬	中国药科大学药学院教授
	郭小可	中国药科大学药学院副教授
什么是护理学？	姜安丽	海军军医大学护理学院教授
	周兰姝	海军军医大学护理学院教授
	刘　霖	海军军医大学护理学院副教授
什么是管理学？	齐丽云	大连理工大学经济管理学院副教授
	汪克夷	大连理工大学经济管理学院教授
什么是图书情报与档案管理？		
	李　刚	南京大学信息管理学院教授
什么是电子商务？	李　琪	西安交通大学经济与金融学院二级教授
	彭丽芳	厦门大学管理学院教授
什么是工业工程？	郑　力	清华大学副校长、教授（作序）
	周德群	南京航空航天大学经济与管理学院院长、二级教授
	欧阳林寒	南京航空航天大学经济与管理学院研究员
什么是艺术学？	梁　玖	北京师范大学艺术与传媒学院教授
什么是戏剧与影视学？		
	梁振华	北京师范大学文学院教授、影视编剧、制片人
什么是设计学？	李砚祖	清华大学美术学院教授
	朱怡芳	中国艺术研究院副研究员